Paul Brunton

Karma –
was es wirklich bedeutet

Paul Brunton wurde im Jahre 1898 in London geboren. Seine ganze Aufmerksamkeit widmete er der Meditation, der Philosophie und den östlichen Weisheitslehren. Er galt als einer der bedeutendsten Kenner östlicher Philosophie in Europa; bald wurde ihm die Rolle des Guru aufgedrängt, die er jedoch stets ablehnte. Mitte der 50er Jahre zog er sich nach Jahren des Reisens aus der Öffentlichkeit in die Schweiz zurück. Paul Brunton starb 1981.

Paul Brunton

Karma –
was es wirklich bedeutet

Verlag Hermann Bauer
Freiburg im Breisgau

Die Deutsche Bibliothek – CIP-Einheitsaufnahme

Brunton, Paul:
Karma – was es wirklich bedeutet / Paul Brunton.
[Dt. von Johanna Goehner]. –
1. Aufl. – Freiburg im Breisgau : Bauer, 1999
   Einheitssacht.: What is karma? ⟨dt.⟩
   ISBN 3-7626-0727-3

Die amerikanische Originalausgabe erschien 1998
unter dem Titel *What is Karma?*
bei Larson Publications, Burdett, New York, USA.
© 1998 by the Paul Brunton Philosophic Foundation.

Deutsch von Johanna Goehner

1. Auflage 1999
ISBN 3-7626-0727-3
Das gesamte Werk ist im Rahmen des Urheberrechtsgesetzes
geschützt. Jegliche vom Verlag nicht genehmigte Verwertung ist
unzulässig. Dies gilt auch für die Verbreitung durch Film, Funk,
Fernsehen, photomechanische Wiedergabe, Tonträger jeder Art,
elektronische Medien sowie für auszugsweisen Nachdruck.
Einband: Ralph Höllrigl, Freiburg i. Br.
Satz: Fotosetzerei G. Scheydecker, Freiburg i. Br.
Druck und Bindung: Ebner Ulm
Printed in Germany

INHALT

Einführung 7

1 Was ist Karma? 13

2 Wie Karma funktioniert 29
   Karma und innere Entwicklung 48
   Lernen, indem wir handeln 50
   Freiheit, Schicksal, Geschick 58
   Freiheit und Umwelt 69
   Gruppenkarma 73
   Karma und Vorhersehbarkeit 79
   Zeitmäßigkeit, Zyklen und Intensität des
   Karmas 83
   Verantwortlichkeit des einzelnen 91

3 Karma und Gnade 95
   Das Wunder der Gnade 96
   Anrufen der Gnade 108

4 Mit dem Karma arbeiten 121
   Kämpft gegen leidbringende Tendenzen ... 134
   Akzeptiert, ertragt und überwindet 144

5 Karma und die große Befreiung 157
   Jenseits des persönlichen Karmas 163

Einführung

Karma – inzwischen ein Alltagswort. In intelligenten Kreisen wird es oft mit launischer Verächtlichkeit in den Mund genommen, vor allem von energischen Selbstverwirklichern, die es mit Passivität verbinden oder denen es nur als Ausrede für Faulheit oder Angst vor Pflichten zu Ohren kommt. Gelegentlich wird es als Stoßseufzer lautbar, in wirklicher oder gespielter Resignation vor dem WILLEN GOTTES.

Wie überraschend zu lernen, daß Karma in Wirklichkeit nur von Selbstverwirklichung handelt, von Macht und Ergebnissen; daß es vollkommen falsch ist, unter Karma eine außerhalb des Menschen liegende Macht zu verstehen und daß die Erforschung seiner Wirkung den Bereich der Selbstverwirklichung erweitert und die ihr gesteckten Grenzen untersucht.

Jedem von uns ist innere Macht und ein Maß an Freiheit eigen, besagen die Lehren des Karmas. Ob und wie wir diese Macht gebrauchen, hat Nachwirkungen, die sich in unserem Leben fortpflanzen und im Laufe der Zeit zunehmend komplexer werden.

Aus ähnlichen, immer wieder getroffenen Entscheidungen werden Tendenzen. Aus Tendenzen Angewohnheiten. Unser Bild von der Welt sieht sich von den Gedankengängen, Gefühlsregungen und Handlungen, an die wir uns gewöhnt haben, gefärbt, nimmt deren Gestalt an. Wir mögen zu denken beginnen, daß die Dinge wirklich so sind und sein müssen, wie sie zu sein scheinen. Wenn uns diese Denkweise zur Gewohnheit geworden ist, ist der Nutzen, den wir daraus ziehen können, daß wir das Naturgesetz des Karmas verstehen, am größten.

Die Karmalehren besagen nicht, wir sollen uns ahnungslos in den Schein der Dinge schicken. Sie wollen uns vielmehr bewußtmachen, daß wir klarer sehen und ernsthafter und wirksamer handeln können. Wenn ich, so verraten sie mir, Herrschaft über die Kraft gewinnen kann, die Gewohnheiten schafft und ändert, schließe ich mich der Kraft an, die die Welt schafft und verändert.

Die Funktion des Karmas zu verstehen führt nicht bloß zu aufgeklärtem Egoismus. Es beinhaltet viel mehr, als geschickte Kniffe zu lernen, mit denen man sich vor Leid schützen und die Eigeninteressen des Ego wahren oder fördern kann. Wichtiger noch und nachdrücklich: Es geht dabei nicht darum, daß wir uns verstecken – das wenige, das wir haben, verbergen, damit die Dinge nicht noch schlimmer werden. Einsicht in das Karma lockt uns heraus aus unserer inneren Isolation, bewirkt, daß wir solche Probleme wie Schmerz, Ausflucht und Selbsterhaltung übersteigen. Außerdem ist nicht nur jeder von uns selbst-verwirklichend in dem Sinne, daß wir früher oder später ernten, was wir gesät haben. Denn aus den Lehren über das Karma lernen wir, daß sogar das ganze Universum ein selbst-verwirklichendes System ist; seine fortdauernde Existenz und Tätigkeit hängt, wie unsere eigene, von etwas ab, das unendlich viel größer ist als es selbst und seine Wurzel. Das ganze System gewinnt, verliert oder bleibt wie es ist, je nachdem, was jedes einzelne Mitglied tut oder zu tun unterläßt. Karma ist letzten Endes unsere Garantie für eine sinnvolle Teilnahme am Leben des Ganzen – auf Gedeih oder Verderb.

Aber mit den Folgen – damit, warum wir ernten, was wir tun, warum unser Leben diese und nicht eine andere Gestalt angenommen hat – befassen sich diese Lehren nur in zweiter Linie. Ihr erstes Anliegen gilt den Ursachen, der Macht und Aufgabe, uns den Mut einzuflößen, unsere wirkliche Freiheit auszüben und das zu säen, was wir ernten wollen, uns zu dem zu machen, was die Welt unserer Meinung nach mehr braucht: Freundlichkeit, um der Freundlichkeit willen, Chancen, um der Chancen willen oder alles, wovon wir mehr in der Welt sehen möchten.

Euer Schiff wird niemals ankommen, wenn es nicht in See sticht. Um in einer besseren Welt zu leben, muß jeder von uns sein Scherflein beitragen, eine bessere zustande zu bringen. Bei diesen Lehren geht es also um gewollte Handlungen, lange vor den Ergebnissen dieser Handlungen, es geht um die ihnen vorausgehenden Gedanken und Emotionen, mit denen wir leben und die zu jenen Handlungen führen.

Paul Brunton (von Freunden und Schülern P. B. genannt) gilt in weiten Kreisen als einer der tiefschürfendsten Schüler alter Weisheitslehren im 20. Jahrhundert. Dieses Büchlein stellt, in gekürzter und konzentrierter Form, das dar, was Brunton im Laufe seiner langen und überaus vielfältigen Lebenserfahrung über das Karma gelernt hat: durch persönliche Forschung, unerbittliches praktisches Ausprobieren und durch engen Kontakt mit weisen Männern und Frauen aus den heiligen Traditionen überall in der Welt. Diese prägnanten Juwelen schöpfen aus der breiten Spanne seiner Schriften, aus den frühen, in den 40er Jahren bis hin zu den kurz vor seinem Tode 1981 entstandenen. Sie beinhalten den Kern und viele der Einzelheiten der Karmalehren, die überall in den Weisheitstraditionen der Welt auftauchen.

Um Brunton selbst zu zitieren, »erkennt« die esoterische Auslegung des Karmas z.B., »daß ein vollkommen isoliertes Individuum reine Einbildung ist; daß das Leben jeder Person verknüpft ist mit dem der Menschheit insgesamt, durch immer größer werdende Kreise lokaler, nationaler, kontinentaler und schließlich planetarer Ausmaße; daß jeder Gedanke beeinflußt wird von der in der Welt vorherrschenden geistigen Atmosphäre und daß jede Handlung unbewußt zuwege gebracht wird, in Zusammenarbeit mit der vorherrschenden und mächtigen Einflüsterung durch die allgemeine Tätigkeit der Menschheit. Dies macht aus dem Karma das Ergebnis aller dieser wechselseitigen Verbindungen und infolgedessen sieht es sich hinausgehoben über die persönliche Ebene auf eine kollektive. Das heißt, daß ich, als Individuum, an dem von allen anderen Individuen erzeugten Karma teilhabe und sie an meinem. Aus diesem weiteren Blickwinkel läßt das Karma uns für und mit der Gesellschaft als ein Ganzes leiden und freuen. Infolgedessen können wir unser eigenes Wohl nicht von dem der Gesellschaft trennen. Wir müssen unserer inneren Isolation entrinnen und unsere Interessen mit den Interessen des ALL-LEBENS verknüpfen. Angesichts der Situation, in der wir uns heute alle befinden, sind wir in unserem gegenseitigen Interesse gezwungen, diese herausfordernde Wahrheit anzuerkennen.«

Paul Cash
Herausgeber

1

WAS IST KARMA?

Es ist absurd, die Idee vom Karma so zu behandeln, als wäre sie ein rückständiges Hirngespinst aus dem Osten. Sie ist einfach das Gesetz, das jeden von uns für seine Handlungen verantwortlich macht und uns zwingt, deren Auswirkungen hinzunehmen. Wir mögen sie das »Gesetz der Eigenverantwortung« nennen. Die Tatsache, daß sie mit der Theorie einer Wiederverkörperung verknüpft ist, tut ihrer Gültigkeit keinen Abbruch, denn ihr Einfluß macht sich oft in unserer gegenwärtigen Inkarnation geltend.

Die wörtliche Bedeutung von Karma ist »handeln« und die angewandte besagt einfach, daß das Karma eines Menschen selbstgemacht ist. Durch unsere Handlungen haben wir uns zu dem gemacht, was wir jetzt sind – in seinem ursprünglichen Zusammenhang beinhaltete der Karmabegriff auch geistige Handlungen. Karma stellt einfach die die Ordnung, das Gleichgewicht und den Ausgleich bewirkende Kraft des UNIVERSALEN GEISTES dar. Auf dem Gebiet menschlichen Verhaltens führt das dazu, daß alles, was wir tun, irgendwie, irgendwann und irgendwo letzten Endes auf uns selbst zurückfällt. Keine Handlung verbraucht sich im Akt des Handelns; früher oder später trägt sie Früchte, die der Handelnde unweigerlich wird ernten müssen. Karma ist eine sich selbst bewegende Kraft. Niemand, ob Mensch oder Übermensch, muß es in Betrieb setzen oder bedienen.

Die Materialisten malen ein schreckliches Bild vom Weltall! Sie stellen es sich als ein ungeheures Gefängnis vor, in dem das Schicksal des Menschen, seine Gedanken und Handlungen gänzlich vorherbestimmt sind durch seine physische Umgebung.

Die Nichtunterrichteten unter den Menschen im Osten leben in einer verriegelten Welt, in der wir hilflos hin und her schreiten – Gefangene göttlicher Vorherbestimmung. Karma widerlegt diese beiden düsteren Behauptungen und spricht uns genügend Freiheit zu, uns selbst und unsere Umgebung zu gestalten. Durch unsere eigene Entwicklung beeinflussen oder bereichern wir unsere Umgebung, unterstützen oder behindern wir die Natur, aber auch umgekehrt. Karma besagt nicht, daß wir wie zerlumpte Bettler vor dem Tor des Schicksals warten müssen. Unser vergangener freier Wille ist die Quelle unseres jetzigen Schicksals, unser gegenwärtiger die unseres zukünftigen. Infolgedessen ist das eigene Wollen der mächtigste von den beiden Faktoren. Es hat also weder für nebeligen Fatalismus noch für übertriebene Zuversicht Platz. Keiner von uns kann der eigenen Verantwortung für die Gestaltung seiner inneren Anschauung und äußeren Umgebung dadurch entrinnen, daß er sie irgend etwas oder irgendeinem anderen in die Schuhe schiebt. Jeder, der mit Hindernissen kämpft, sollte wie Beethoven – der Meisterkomponist – vom Kelch des Weins der Inspiration trinken. Er, der danach strebte, die elfischen Weisen der Musik zu hören, wurde selbst stocktaub. Er, dessen ganzes Leben der melodiösen Komposition für andere gewidmet war, wurde eines Tages unfähig, seine eigenen Kompositionen zu hören. Dies enttäuschte, aber entmutigte ihn nicht. Sich diesem Problem furchtlosen Herzens stellend, erklärte er: »Ich will mit dem Schicksal ringen; es soll mich niemals unterkriegen!« Er fuhr fort mit seiner Arbeit und gab der Welt immer größere und erhabenere Dinge, denn was er im Leiden lernte, lehrte er in der Musik.

Karma ist ein zweifaches Gesetz, das eine ist allgemein, das andere speziell. Ersteres ist endgültig und läßt sich auf jedes Ding im Weltall anwenden, denn es ist einfach das Gesetz der eigenen Kontinuität jeder individuellen Wesenheit. Ob es sich dabei um einen Planeten oder um ein Protoplasma handelt, sie muß die Merkmale der eigenen früheren Existenz erben und auf diese Weise die Wirkung der Ursache anpassen. Zweiteres ist unmittelbar und trifft nur auf Individuen zu, die Selbst-bewußtsein erlangt haben, und somit ist der Beginn seiner Wirkung auf menschliche Wesenheiten beschränkt. Dies macht das Individuum verantwortlich für die Gedanken und für die Handlungen, die seinen Gedanken entspringen.

Das Universum als solches könnte nicht existieren, wenn es nicht eine Art von Gleichgewicht gäbe, das es zusammenhielte, eine gewisse, alles im Gleichgewicht haltende Anordnung wie beim Drehen der Erde um ihre Achse und der Planeten um die Sonne.

Ein bißchen Nachdenken fördert dasselbe Prinzip in der gerechten Beziehung der Menschen zum WELT-GEIST und untereinander zutage. Hier tritt es als Karma auf.

Nein, diese Lehre macht uns nicht zu lethargischen Fatalisten, noch duldet sie es, daß wir uns zu eingebildeten Individualisten aufblasen! Sie flößt uns eine ausgewogene Sicht unserer Möglichkeiten, eine vernünftige Einschätzung unserer Kräfte ein.

Es wäre ein Irrtum, Karma von der universellen Kraft zu trennen und es als eine unabhängige Kraft zu behandeln. Aus diesem Irrtum erklärt sich unsere Schwierigkeit, seine Rolle bei der Hervorbringung des Kosmos zu verstehen. Behandelt Karma eher als einen Aspekt GOTTES und als ein von GOTT nicht zu Trennendes oder als eine der vielen Arten, auf die sich GOTTES Gegenwart zu manifestieren vermag.

Wir begreifen die wahre Natur des Karmas nicht, wenn wir darunter eine außerhalb des Selbst liegende Kraft verstehen, deren unerbittlichen Beschlüssen wir uns hilflos unterwerfen müssen. Im Gegenteil. Aufgrund der Tatsache, daß die ganze Welt mental ist, stellt das Karma eine in allem und jedem wirkende

Kraft dar. Daraus folgt eindeutig, daß das, was uns widerfährt, auf Geheiß des geheimen Willens unseres eigenen inneren Wesens geschieht. Aus dieser Warte sind die Schmerzen, die wir zu ertragen haben mögen, nicht Übel im letzten und höchsten, sondern nur im unmittelbaren Sinn, während das, was als eine blinde äußere und unerbittliche Kraft erscheint, in Wirklichkeit eine bewußte, innere und läuternde ist.

Die richtige Bedeutung des Wortes Karma ist »gewolltes Handeln durch Körper, Sprache und Geist«. Sie beinhaltet nicht die Ergebnisse dieses Handelns, insbesondere nicht jene, die zur Wiedergeburt führen oder die Wiedergeburt beeinflussen. Gemeinverständliche Vorstellungen schließen diese Ergebnisse zwar in sich, weisen aber einen ungenauen Umgang mit dem Begriff Karma auf. Karma ist durch Willen in Gang gesetzte Ursache und auf keinen Fall Wirkung. Daher bedarf es eines besseren Ausdrucks als des unzulänglichen »Gesetz der Vergeltung«.

Es ist falsch und unwissenschaftlich von einem »Gesetz« des Karmas zu sprechen. Karma ist nicht ein Gesetz, das man befolgt oder nicht befolgt, noch ist es ein Strafkodex für Sünder. Es stellt einfach das Prinzip der unvermeidbaren Konsequenzen dar.

Vielleicht ist es besser das Vergeltungsgesetz das »Gesetz der Reflexion oder Rückstrahlung« zu nennen. Denn jede Handlung strahlt auf ihren Urheber und jeder Gedanke auf seine Quelle zurück, wie durch einen unermeßlich großen kosmischen Spiegel. Vielleicht ist die Bedeutung der Vergeltungsidee zu moralisierend und daher zu eng, um die richtige Entsprechung für das Wort »Karma« zu sein.

Der Grundsatz von den Folgen ist nicht in erster Linie ein sittliches Gesetz: richtiger gesagt, hat er eine sittliche Seite.

Im Bereich menschlichen Verhaltens ist Karma nicht mehr und nicht weniger als Charakter. In Wirklichkeit haben wir soviel Willensfreiheit, wie wir brauchen. Wenn wir günstige Gelegenheiten nicht nutzen, weil wir zu blind sind, um sie zu erkennen, liegt der Fehler bei uns. Wenn wir uns auf eine Sache einlassen, die anfänglich und äußerlich profitabel ist, aber unseren eigenen Interessen letzten Endes zuwiderläuft und eine ganze Reihe von anderen unerwünschten Handlungen nach sich zieht, sollten wir nicht über die Grausamkeit des Karmas, sondern über unseren eigenen Mangel an Intelligenz weinen. Jene, die sich aus Gewohnheit selbst bemitleiden, mögen im Karma einen günstigen Sündenbock sehen. Aber in Wirklichkeit stellen die ethischen Maßstäbe und geistigen Eigenschaften der Menschheit die versteckten Faktoren dar, die unser Schicksal vorherbestimmen. Der Karmagedanke braucht uns nicht geistig stumpf zu machen oder uns die Hände zu lähmen. Er hat einen positiven Nutzen und verbessernden Einfluß, denn er erweckt sowohl in Nationen wie auch im einzelnen einen Sinn für moralische Verantwortlichkeit. Die Folge davon ist, daß wir die durch vergangene Fehler verursachten Wunden freiwillig zu heilen suchen werden.

Die Sittlichkeit früherer Jahrhunderte beruhte auf vagen Ängsten vor einem wahrscheinlich existierenden GOTT; die Sittlichkeit der Gegenwart beruht auf einer völligen Gleichgültigkeit einem nicht existierenden GOTT gegenüber. Erstere führte zu einer gewissen Zügelung des menschlichen Verhaltens, die zweite führt zu keinerlei. Die Sittlichkeit der Zukunft wird auf einem rationalen Verständnis der Macht des Karmas gründen, des Gesetzes von der persönlichen Verantwortlichkeit; und dies wird zur rechten Zügelung des menschlichen Verhaltens führen. Denn wenn wir über die umweltbedingten Grenzen unseres Lebens, über die ungewollten Annehmlichkeiten und unvermeidlichen Härtefälle nachsinnen, werden wir uns im Stillen der Macht des Karmas bewußt.

Im Karma finden wir einen Schlüssel zu vielen Rätseln der zeitgenössischen Geschichte. Es lehrt uns, daß der Kokon unseres heutigen Gewandes größtenteils aus Gedanken und Taten besteht, die wir während längst vergangener Erdenleben und der heutigen Wiederverkörperung aus uns selbst gesponnen haben. Nun läßt sich diese Lehre ebensosehr auf die Geschichte ganzer Völker wie auf die eines einzigen Individuums anwenden. Ihre natürliche Folge ist, daß unser Charakter und Verstand sich von Generation zu Generation unter großen Qualen abplagen; einige sind alt und verfügen über die reichhaltige Erfahrung einer ehrwürdigen Vergangenheit, aber die meisten sind jung, uneinsichtig und unbeherrscht. Ihre Lektion ist, daß die wandelnden Gezeiten öffentlichen Schicksals und privaten Glücks nicht sinnlos sind. Im Gegenteil: Sie fordern unsere philosophische Betrachtung heraus, damit wir verstehen können, daß versäumte Pflichten oder aggressives Unrecht die versteckte Wurzel unserer Schwierigkeiten darstellen. Jene, die das Karmagesetz richtig verstehen als eine Kraft, die wir ursprünglich durch unsere Taten in Gang gesetzt haben, und nicht als ein äußerliches, unabhängiges Schicksal, verstehen auch, daß Schmerzen eine wichtige Rolle im Leben der Menschen spielen. Ihr Zweck ist eher erzieherisch als vergeltend. Verdiente Strafe ist wirklich eine grobschlächtige Form von Erziehung. Die Nachdenklichen lernen aus ihren Schmerzen und fassen den festen Entschluß, dieselbe Sünde oder denselben Fehler nicht noch einmal zu begehen.

Als ein Produkt des menschlichen Willens ist Karma der Veränderung durch den Menschen unterworfen. Das von GOTT gefügte Schicksal ist es nicht. Die allgemeine Tatsache des Todes ist ein Beispiel für das Schicksal, und in diesem Sinne stimmt die Zeile des Dichters James Shirley, die da sagt: »Es gibt keinen Panzer gegen das SCHICKSAL.« Aber an bestimmten Fakten des Todes, nämlich an seinem Zeitpunkt und seiner Art, kann man vielleicht etwas ändern.

Wenn stimmen soll, daß der Lauf des Lebens vorherbestimmt ist, heißt das noch lange nicht, daß es willkürlich vorherbestimmt sein muß. Nein – das wirklich Entscheidende in eurem Leben sind die guten und schlechten Charaktereigenschaften, die Entwicklung oder mangelnde Entwicklung eurer Gaben und die Entscheidungen, die ihr beiläufig oder aus Vernunftgründen getroffen habt. Zwischen Lebensführung und Folge, zwischen Denken und Umgebung, zwischen Charakter und Geschick besteht eine unentrinnbare Gleichung. Und diese Gleichung ist Karma, der Grundsatz von der schöpferischen Gleichwertigkeit.

Das Karma ist doppelter Art. An der einen Art können wir nichts ändern, gleich wie schlau wir es anstellen. Aber auf die andere vermögen wir Einfluß zu nehmen durch Gegen-Gedankengänge und Gegen-Maßnahmen oder durch Reue und Gebet. Schlechtes Karma kann nicht ohne moralische Reue ausgemerzt werden, aber wenn wir uns klug verhalten, läßt es sich abwandeln.

Das Vorstellungsvermögen ist endlos und unerschöpflich. Es liegt in der Natur des Geistes, daß ein Gedanke den nächsten hervorruft, weil das Wesen des Geistes selbst dynamisch ist. Karma ist das Gesetz, das beide miteinander verbindet.

Zwischen der ursprünglichen Bedeutung des Karmas und jener, die man ihm im Laufe der Zeit beigemessen hat, liegt ein großer und eindeutiger Unterschied. ... Seine heutige besagt zwar, daß das Leben des Menschen vorherbestimmt ist und einem Muster folgt, das ihm von der Empfängnis vor der Geburt bis zur Feuerbestattung nach dem Tod vorgezeichnet ist, aber seine ursprüngliche meinte einfach, daß ein Mensch den Folgen seiner gewohnheitsmäßigen Denkweisen und Handlungen nicht zu entrinnen vermag. Sie besagte, daß Erfolg oder Mißerfolg im Leben größtenteils in unseren Händen liegt, daß auf den Fersen von Tugend oder Unrecht unausweichlich Zufriedenheit oder Leid folgt.

Die Fähigkeit oder Habgier, eine günstige Gelegenheit oder Erbschaft, die einen Menschen in den Besitz von Reichtümern bringt, ist selbst ein Produkt seines Karmas.

❦

Die Gegenwart kommt aus der Vergangenheit zu uns, und die Zukunft wird jetzt in der Gegenwart gemacht. Alle drei sind miteinander verknüpft ... Mit dieser Idee stoßen wir auf eine der ältesten Ideen der menschlichen Geistesgeschichte. Sie besagt, daß das Leben des Menschen einer Höheren Kraft unterworfen ist, daß jeder von uns persönlich zur Rechenschaft gezogen wird und sich vor einem Höheren Gesetz für sein Handeln verantworten muß, daß niemand weder der Vergeltung für begangenes Unrecht noch dem Lohn für Rechtschaffenheit ausweichen kann. Es gab sie bei den Stoikern im alten Rom, und sie nannten sie SCHICKSAL. Es gab sie bei den Platonikern des alten Griechenlands, und sie nannten sie GESCHICK. Und es gab und gibt sie bei den Indern, bei den meisten Buddhisten und Hindus, und sie nennen sie KARMA.

❦

Als die WELT-IDEE gottgläubigen Mystikern offenbart wurde, konnten sie sie nur »den Willen Gottes« nennen. Als sie den Griechen enthüllt wurde, wurde sie »Notwendigkeit« genannt. Und die Inder nannten sie »Karma«. Als ihr Widerhall den wissenschaftlichen Denkern zu Ohren kamen, nannten sie sie »die Naturgesetze«.

Jeder, der ein Auge zum Sehen hat, erkennt, daß dem Weltall eine verständige und verständliche Ordnung innewohnt. Nicht willkürliche Laune hat die Welt einst geschaffen, noch hat blinde Unordnung sie seitdem beherrscht. Es gibt eine wahre Bedeutung, ein striktes Gesetz, einen echten Zusammenhang und eine Bewegung vom Stein zur Blume, vom Tier zum Menschen, durch immer höhere Ebenen der Intergration in dieses universelle Dasein. Sobald wir das verstehen, können wir auch verstehen, daß Karma nicht bloß ein Gesetz der Vererbung früherer Eindrücke ist oder der Selbstreproduktion oder der moralischen vergeltenden Gerechtigkeit, sondern auch etwas viel Größeres. Es ist ein ewiges Gesetz, das dazu neigt, das individuelle Wirken abzustimmen auf das universelle. Es arbeitet für das Weltall als ein Ganzes, um dessen unzählige Einheiten in Harmonie mit seinem eigenen vollkommenen Gleichgewicht zu halten. Vergeltung ist nur zufällig in dieser Tätigkeit enthalten wie ein kleiner konzentrischer Kreis in einem größeren. Die Auswirkungen der Existenz jedes Individuums, sein ererbtes Denken und Handeln, müssen unter Gewalt gebracht werden, so daß sie am Ende der größeren Ordnung des Kosmos gehorchen. Jeder Teil ist an das Ganze gebunden. Alles zielt also auf endgültige Richtigkeit hin. Die Erkenntnis, daß im Kern des Universums ein so bedeutsames Gleichgewicht liegt, ist in der Tat tröstlich.

Viererlei räumt die esoterische Auslegung des Karmabegriffs ein: daß ein vollkommen isoliertes Individuum reine Einbildung ist; daß das Leben jedes Individuums verknüpft ist mit dem der Menschheit insgesamt, durch immer größer werdende Kreise lokaler, nationaler, kontinentaler und schließlich planetarer Ausmaße; daß jeder Gedanke beeinflußt wird von der in der Welt vorherrschenden geistigen Atmosphäre; und daß jede Handlung unbewußt zuwege gebracht wird, in Zusammenarbeit mit der vorherrschenden und mächtigen Einflüsterung durch die allgemeine Tätigkeit der Menschheit. Die Folgen dessen, was jeder von uns denkt und tut, fließen wie ein Nebenfluß in den größeren Fluß der Gesellschaft und vermischen sich dort mit den Gewässern aus unzähligen anderen Quellen. Dies macht aus dem Karma das Ergebnis aller dieser wechselseitigen Verbindungen und hebt es hinaus über die persönliche auf eine kollektive Ebene. Das heißt, daß »Ich«, als Individuum, an dem von allen anderen Individuuen erzeugten Karma teilhabe und sie an meinem. Indes besteht ein Unterschied zwischen unseren beiden Anteilen, insofern »Ich« den größten Anteil an den Ergebnissen meiner eigenen vergangenen Tätigkeit erhalte und den kleinsten von den Ergebnissen der Tätigkeit des Restes der Menschheit.

Daher unser Hinweis, daß nicht alle Schmerzen verdiente sind, sondern daß das ausgleichende Glück entsprechend mitzuspielen beginnt. Wenn wir infolge der gegenseitigen Abhängigkeit der Menschheit unter dem leiden müssen, was wir nicht persönlich verdient haben, können wir infolge dieser Abhängigkeit auch unverdienter Vorteile teilhaftig werden, die aus dem allgemeinen guten Karma rühren. Die kollektive Wirkung des Karmas ist also ein zweischneidiges Schwert, das auf zweierlei Art schneidet: auf die schmerzliche und die erfreuliche. Die esoterische Sicht setzt der volkstümlichen Form der Lehre eine neues Gesicht auf, und wenn sie allgemein im Hintergrund gehalten wurde, dann nur deswegen, weil die Menschen mehr am eigenen Wohl als am Wohl aller interessiert sind.

Wir leben in Gemeinschaft mit anderen, sündigen in Gemeinschaft und müssen in Gemeinschaft erlöst werden. Dies ist das letzte Wort, das vielleicht jene erschreckt, die ihre Mitmenschen überflügelt haben, aber die Zurückgebliebenen ermutigt. Aus diesem weitereren Blickwinkel bewirkt das Karma, daß wir uns mit der Gesellschaft als ein Ganzes freuen und für sie als ein Ganzes leiden. Folglich können wir unser eigenes Wohl nicht von dem der Gesellschaft trennen. Wir müssen der inneren Isolation entrinnen und unsere Interessen mit den Interessen des All-Lebens verbinden. Es besteht keine Notwendigkeit für Antagonismus zwischen Klassen, Völkern und Rassen, keine Notwendigkeit für Haß und Streit zwischen verschiedenen Gruppen, seien es kleine oder große. Alle sind letzten Endes und im höchsten Sinne voneinander abhängig. Ihre Getrenntheit ist eine ebenso große Wahnvorstellung wie die Getrenntheit von Individuen, aber diese Wahrheit beweisen nur Philosophie und Geschichte. Angesichts der Situation, in der wir uns heute alle befinden, sind wir in unserem gegenseiten Interesse gezwungen, diese herausfordernde Wahrheit anzuerkennen.

2

Wie Karma funktioniert

Es gibt kein übernatürliches oder außerhalb von uns liegendes Wesen, das uns karmisch willkürlich belohnt oder bestraft oder darüber Gewalt hätte. Wir selbst säen die Saat dafür; sobald der günstige Zeitpunkt gekommen ist, keimt sie und bringt ihre eigenen Früchte hervor.

Es ist nicht so, daß irgendein geheimnisvoller übernatürlicher Engel, irgendeine Deva oder Gott persönlich eingreift und das Karma wie ein Puppenspieler manipuliert, der an den Drähten seiner in der Luft schwebenden Figuren zieht. Das Karma ist vielmehr ein Teil des Gleichgewichts des Universums, es bringt Wiederkehr, zeichnet einen Druck auf und läßt jede Reaktion aus eigenem Antrieb geschehen.

Die karmischen Mechanismen führen komplizierte Wirkungen auf komplizierte Ursachen zurück.

Falls euch das Karma zum Schluß – und manchmal viel früher – einholt, dann ist das nicht nur schmerzhaft; der Begriff braucht euch nicht mit dunklen Vorahnungen zu erfüllen. Denn das Gute, das ihr gedacht und vollbracht hat, bringt auch eine gute Rückwirkung.

Im Leben jedes Menschen gibt es nun mal schwierige oder aufreibende Phasen. Erstere entspringen dem Element des Geschicks, das die menschliche Freiheit einhüllt, zweitere dem Element des Egoismus, von dem die menschlichen Beziehungen umgeben sind.

Durch seine Unkenntnis über karmische Wirkungen und Auswirkungen beschwört das Ego viele seiner Widersacher und viele seiner Schwierigkeiten herauf.

Unsere Bestrebungen beschwören die Zukunft herauf. Wir ernten die Folgen unseres Denkens, Fühlens und Handelns. Die Natur hat keine Lieblinge, sondern setzt uns unsere Verdienste vor.

Wiewohl Karma dadurch entschieden wird, was ein Mensch faktisch tut, setzt es sich auch aus lang Gedachtem und zutiefst Empfundenem zusammen.

Zieht euch das Karma schließlich zur Rechenschaft, werdet ihr nicht nach den Zeugnissen gerichtet, die andere über euren Charakter ausstellen, ob sie nun gut oder schlecht ausfallen, sondern nach den Motiven, die aus eurem Herzen kommen, nach euren Einstellungen, die in eurem Denken beschlossen sind, und nach dem Werk, das eure Hände verrichten.

Das Gesetz des Ausgleichs berechnet seine Belohnungen und Strafen nicht mit dem peniblen Maßstab kleiner Geister.

Auch die bis an die Spitze getriebenen denkerischen Fähigkeiten sind nicht immer jedem Faktor einer Situation gewachsen. Einige – etwa den karmischen Faktor – kann nur die Intuition begreifen. Daraus erklären sich die falschen Einschätzungen jener, bei denen die Vernunft zwar hoch entwickelt, aber die ein Gegengewicht setzende Intuition unterentwickelt ist.

Die Ereignisse und Umgebungen, die ein Mensch auf sich zieht, entsprechen zum Teil dem, was er ist und was er tut (individuelles Karma), zum Teil dem, was er braucht und anstrebt (Evolution), und zum Teil dem, was die Gesellschaft, Rasse oder Nation, zu der er gehört, tut, braucht und anstrebt (kollektives Karma).

Auf jedes intellektuelle Vergehen und jeden sittlichen Fehltritt steht eine spirituelle Strafe, gleich ob eine weltliche darauf steht oder nicht. Für den einen besteht sie darin, daß er die Wahrheit nicht kennt; für den anderen darin, daß er nicht glücklich zu werden vermag.

Karma drückt sich durch Ereignisse aus, die allem Anschein nach Zufälle sind. Indes sind sie es nur an der Oberfläche.

Es wirken die Dinge gemäß ihrer Natur. Die WELT-IDEE zeichnet diese Tätigkeiten auf eine geheimnisvolle Weise auf und wirft deren passende Nebenwirkungen zurück; und das sowohl bei Dingen als auch bei Menschen. Es singt ein jeder von uns einen Ton ins Weltall hinaus, und das Weltall antwortet uns in derselben Tonart.

Karma gibt uns, was wir größtenteils selbst verursacht haben; es gibt uns nicht, was uns lieber ist. Aber manchmal ist es durchaus möglich, daß beides zusammenfällt. Wenn wir unsere Schwierigkeiten zum Teil selbst verursacht haben, so ziehen wir durch geistige Kraft doch auch unser Glück an.

Falls euer Geschick – das euch zugeteilte Schicksalsfragment – die Erfüllung einer speziellen Aufgabe, einer speziellen Mission verlangt, wird es euch – gleich wieviel Zeit ihr in abgeschiedenen Schlupfwinkeln vertrödelt – mit einem inneren Drang ausrüsten, der euch zur angekündigten Stunde aus eurem Privatleben zurück in die öffentliche Arena zerren wird. Selbst wenn diese Aufgabe während der ganzen früheren Jahre im Gegensatz zu euren Wünschen stand und eurer bewußten Kenntnis verborgen blieb, werdet ihr euch dieser unerwarteten inneren Macht beugen müssen, diesem überwältigenden Gebot, das nichts anderes ist als die Stimme des Schicksals, die sich auf diese Weise Gehör verschafft. Ja, paradoxerweise trägt man sein Schicksal mit sich selbst herum. Das Karma braucht keinen Rechtsanwalt zu schicken, der es verteidigt.

Aus der vergangenen Reinkarnation tauchen Kräfte auf, die einen zu gewissen Entscheidungen, Handlungen und Einstellungen drängen.

Ouspenskys Theorie von der ewigen Wiederkehr ist wahr und falsch in einem. Wir wiederholen uns und unsere äußeren Umstände, aber stets auf einer anderen Ebene. Es ist eine Spirale und nicht ein Kreis. Ein Ereignis oder ein Lebensabschnitt entspricht einem vorherigen, ist aber nicht damit identisch. Die Zukunft entspricht zwar der Vergangenheit, aber verdoppelt sie nicht. Die Spirale bringt euch nicht genau das gleiche Selbst zurück oder dieselbe Arbeit: Sie bringt euch vielmehr zu dem, was ihr auf einer anderen Ebene entspricht.

Unsere äußeren Schicksalsschläge sind Symbole und Symptome unserer inneren Unzulänglichkeiten. Denn jeder selbst-geschaffene Schmerz und jedes selbst-hingenommene Übel ist vermeidbar. Das Ausmaß, zu dem euch Ereignisse verletzen können, hängt vielleicht nicht ganz, aber doch zum größten Teil von euch ab. Hättet ihr die Kraft, euren Egoismus mit einem einzigen Schlag zu zermalmen, und die Einsicht, den Schutzwall einer langen Reihe von Ursachen und Wirkungen zu durchdringen, dann würdet ihr entdecken, daß die Hälfte eurer äußeren Sorgen aus inneren Charakterfehlern und -schwächen rühren. Jedesmal, wenn ihr die schlechten Eigenschaften eures inwendigen Charakters bekundet, beschwört ihr ihr Spiegelbild in äußeren Ereignissen herauf. Auf euren Zorn, Neid und Widerwillen werden, vorausgesetzt sie halten stark und lang genug an, früher oder später Schwierigkeiten, Feindschaften, Reibereien, Verlust und Enttäuschungen folgen.

Es gibt weder Hausnummern, die Glück bringen, noch Hausnummern, die Unglück bringen. Wenn euch in einem gewissen Haus ein Unglück nach dem anderen widerfahren ist, ist nicht die Hausnummer, sondern euer Karma daran schuld. Euer schlechtes Karma ist einfach während dieser Zeit fällig geworden und hätte auch dann zu schmerzlichen Erlebnissen geführt, wenn ihr in einem ganz anderen Haus mit einer ganz anderen Hausnummer gelebt hättet. Nun entsteht Karma letzten Endes aus Anlagen, die Verbesserung bezwecken, und deswegen ändert sich euer Karma letzten Endes bis zu einem gewissen Grad. Laßt euch dann in dasselbe Haus zurückziehen, das euch einst Unglück brachte. Dieses Mal, so werdet ihr feststellen, tut es nichts dergleichen. Eure sogenannte Unglücksnummer wird euch nicht mehr schaden.

Nicht alle karmischen Tendenzen sind zur gleichen Zeit im Bewußtsein zugegen; einige müssen noch vom passiven in den aktiven Zustand übergehen.

Man sollte die Menschen warnen, daß Ursache und Wirkung ebensoviel im moralischen wie im wissenschaftlichen Bereich herrschen. Man sollte sie von Kindesbeinen an dazu erziehen, diesem Grundsatz in ihren Überlegungen Rechnung zu tragen. Man sollte in ihnen das Gefühl wecken, daß sie verantwortlich sind für die Ursachen, die sie in Gang bringen, für das Leid oder die Schwierigkeiten oder die Enttäuschungen, die daraus rühren mögen.

Es herrscht zwischen den entscheidenden Gedanken, Taten und Erfahrungen in unserem Leben ein unausweichliches Gleichgewicht. Dieses Gleichgewicht tritt dort zutage, wo wir es am wenigsten erwarten – in der moralischen Sphäre. Unsere falschen Handlungen rufen Schmerzen hervor, nicht nur bei anderen, sondern in erster Linie bei uns selbst. Das Gute, das wir wirken, hallt als Glück wider. Wir können der Wirkung dieses subtilen Gesetzes moralischer Verantwortlichkeit nicht entrinnen. Die Ursache ist der oberste Punkt eines Rades, dessen niedrigster die Folge ist. Kollektiv trifft dies ebensosehr zu wie individuell. Wenn ein Volk etwa fest davon überzeugt ist, daß die Vorstellung von Gut und Böse etwas Falsches ist, besiegelt es den eigenen Untergang. Wir haben das beim deutschen Volk erlebt. Das Moralprinzip ist nicht ein Hirngespinst des Menschen. Es ist eine göttliche Wirklichkeit.

Nur Kenntnis von der Wahrheit des Karmas kann den moralischen Irrtum ausräumen, der ein Volk zu der Annahme verleitet, es könne sein Glück aus dem Elend anderer bauen.

Das Denken neigt dazu, kreativ zu sein, und früher oder später kommen seine karmischen Früchte in eurer allgemeinen Umgebung zum Tragen. Dies trifft auch auf euer moralisches Leben zu. Hier ist es freilich nicht immer vonnöten, daß eure Gedanken sich in Taten umsetzen, bevor sie karmisch wirksam werden können. Wenn sie euch intensiv und lange genug beschäftigen, schlagen sie sich früher oder später sogar in entsprechenden äußeren Umständen nieder. Ein konkretes Beispiel kann dies klarer machen: Wenn ihr einem anderen unentwegt den Tod wünscht, ihr aber aus Furcht vor den Folgen nicht den Mut habt, ihn zu töten, werden eure mörderischen Gedanken sich eines Tages als Ausgleich auf euch selbst auswirken. Folglich mögt ihr selbst eines gewaltsamen Todes sterben oder einem tödlichen Unfall zum Opfer fallen oder unter einer Krankheit leiden, die euren Körper ebenso auffrißt, wie euer Haß einst euren Charakter. So werdet ihr, obwohl ihr euch faktisch nicht des Mordes schuldig gemacht habt, physisch dafür bestraft, daß ihr an Mord gedacht habt.

Aus ähnlichen Gründen mögen krankhafte Denkgewohnheiten als kranke Zustände des Fleisches zum Ausdruck kommen. Der Arzt mag die unmittelbare physische Ursache einer solchen Verfassung richtig sehen, nicht aber die letzte mentale, die übermäßiger Zorn, morbide Feindseligkeit, überwältigende Furcht, über die Stränge schlagende Gelüste oder gewohnheitsmäßiger Groll sein mag. Freilich dürfen wir daraus nicht den unlogischen Schluß ziehen, daß jeder unter einer Krankheit Leidende in der Vergangenheit oder Gegenwart schlecht gedacht hat. Der Körper hat seine eigenen hygienischen Gesetze, die nicht straflos überschritten werden können, obwohl die meisten Überschreitungen fast immer aus reiner Unwissenheit rühren.

All dies ist möglich, weil die ganze Grundlage des Daseins eine mentalistische ist. Der kreative Faktor im karmischen Prozeß ist der Geist selbst. Infolgedessen ist ein mentaler Wandel vonnöten, wenn seine Tätigkeit gegen uns radikal und günstig geändert werden soll.

Wo gibt es die reiche allerseits beneidete Familie, die nicht ihr streng gehütetes Geheimnis von Leid, Unglück oder Krankheit hätte? Wer kennt nicht einige, bei denen es sogar zwei oder drei Geheimnisse sind? Vielleicht habt ihr, wie so viele andere in diesen düsteren Zeiten, die Erfahrung gemacht, daß das Leben geheimnisvolle und mächtige karmische Einflüsse enthält, die mit verhängnisvollen Händen nach den Dingen greifen, an denen euch am meisten liegt, und sie zerstören; die euch Erfolge erzielen lassen und diese dann vor euren Augen zunichte machen; die sich verheerend auswirken auf die Gesundheit und vielleicht das Leben derer, die euch lieb und teuer sind. Das Herz mag euch wortlos geblutet haben.

Wir verursachen unsere eigene Last latenten Leidens, wenn unsere Handlungen andere verletzen, und rufen bittere letzte Konsequenzen ins Leben, wenn wir feindselige Gedanken nicht im Keim ersticken. Wollust, Habgier und Haß sind blinde Kräfte, die, wenn nicht in Zaum gehalten oder gelenkt, der Menschheit unendlich viel karmisches Leid und Elend bringen.

Ein Feuer kann dazu benutzt werden, einen Braten zu garen, oder dazu, einen Menschen am Marterpfahl zu rösten. Das Feuer selbst ist nicht etwas Böses, aber sein Gebrauch oder Mißbrauch sind gut oder böse; und dies wiederum hängt von den Impulsen ab, die im Herzen einer Person wirken, von den Tendenzen, die sie aus ihren vergangenen Leben mitgebracht hat. Im Grunde genommen sind bösartige Kräfte unsere eigenen bösartigen Gedanken. Sobald der Mensch sein Denken befreit, wird die Welt sich vom Bösen befreit sehen. Der Geist stellt das die karmische Wirkung auslösende Agens dar. Es ist nicht vonnöten, ein außerkosmisches übernatürliches Wesen heranzuziehen, um zu erklären, wie Handlungen vergolten werden.

Das Vergeltungsgesetz ist nicht das einzige, was uns zwingt, unser Denken, Fühlen und Verhalten zu berichtigen. Da gibt es noch das ÜBERSELBST, das freilich auf einer höheren Ebene liegt. Würde Güte nicht belohnt und Schlechtigkeit nicht bestraft, ob hier auf Erden oder anderswo in einer Welt der Toten, so zählte es doch zu unserem höchsten Glück, jenes Mitleid zum Ausdruck zu bringen, das, durch das ÜBERSELBST, unser reinstes Attribut ist.

Eure eigenen Handlungen werden ihrerseits weitere Handlungen bei einem anderen auslösen.

Menschliche Werkzeuge werden benutzt, um anderen Leid zuzufügen, und sie fügen es aus menschlicher Boshaftigkeit zu. Beide Feststellungen sind richtig. Sie ergänzen einander und sind nicht, wie wir vielleicht meinen, gegensätzlich. Sobald es Schaden zufügen möchte, hält das Schicksal natürlich nach einer boshaften Person Ausschau oder nach einer dummen, die es emotional eine Weile an der Nase herumführen kann, oder nach einer impulsiven, die sich in einem Augenblick zu etwas hinreißen läßt, das sie jahrelang bereut. Es wird dazu nicht lange nach übermäßig klugen und gutherzigen Personen suchen.

Ein Leben, das nicht diesem höheren Ziel entgegenstrebt, ein Geist, der keinerlei Interesse hat, am ÜBERSELBST-BEWUSSTSEIN teilzunehmen – diese Versäumnisse rügen die Menschen ohne ein Wort zu sprechen, sowohl während ihres Lebens im Körper als auch während ihres Lebens nach dem Tode.

Karmisch gesehen, sind die Sünden unterlassener Handlungen ebenso wichtig wie die begangener. Was wir hätten tun sollen, aber nicht getan haben, zählt auch als karmaschaffend.

Selbst absichtliches Nichthandeln schafft karmische Folgen, da gibt es kein Entrinnen. Es enthält die versteckte Entscheidung, nicht zu handeln, und stellt daher eine Form des Handelns dar!

Der Versuch, dem Karma aus dem Weg zu gehen, mag selbst ein Teil des Karmas sein.

Die kollektiven karmischen Eindrücke tauchen von selbst im WELT-GEIST auf. Warum? Weil es niemals eine Zeit gegeben hat, da sie nicht existierten, denn sie sind, obwohl ihre Formen wechseln mögen, so ewig wie der WELT-GEIST selbst. Sie sind in der Tat ein Teil seines Wesens und stellen infolgedessen ein selbsttätiges System dar. Weil wir keinen Zeitpunkt für den Beginn des WELT-GEISTES und auch kein Ende für sein Leben festsetzen können, müssen wir auf den unlogischen Versuch verzichten, für das Weltall selbst einen Anfang oder ein Ende zu setzen. Der WELT-GEIST hat die Welt nicht erschaffen, sondern nur den Boden für ihre Existenz bereitgestellt, das Gefäß für ihre wechselseitig wirkenden, potentiellen karmischen Kräfte, den Stoff für ihre allgemeinen karmischen Manifestationen und das Lebensprinzip für ihre sich immer bewegenden, aus eigenem Antrieb stattfindenden Tätigkeiten. Indes dürfen wir nicht dem Irrtum verfallen, daß diese Sicht aus dem Weltall eine bloße Maschine mache. Denn weil alle diese, d.h. Boden, Gefäß, Kräfte und Stoff, mental sind, ist auch die Welt eine mentale Tätigkeit und nicht nur eine mechanische Bewegung in Materie.

Untersuchungen über Vergeltung (Karma) zeigen, daß die Menschheit nicht nur für das bezahlen muß, was sie falsch gemacht hat, sondern auch für das, was sie unterlassen hat. Solche Versäumnisse rühren größtenteils aus der überaus persönlichen Sicht des Menschen, die ihn dazu veranlaßt, Ereignisse in erster Linie danach zu beurteilen, wie sie sich auf sein eigenes Dasein auswirken, und erst in zweiter Linie danach, wie sie sich auf die größere menschliche Familie auswirken, deren Mitglied er ist. Wir alle arbeiten an einer gemeinsamen Aufgabe. Dies ist der unausweichliche Schluß, der sich uns mitteilt, sobald wir die Wahrheit verstehen, daß die Menschheit eine organische Einheit bildet.

In diesem für die Welt innerlich so folgenschweren Zeitalter besteht unsere Pflicht eindeutig darin, aktiv auf der richtigen Seite zu helfen. Die Qualen der

Welt sind größtenteils karmisch verschuldet. Indes müssen wir den Begriff Karma weitgefaßter auslegen. Viele von uns mögen zwar gut und unschuldig sein, aber wir müssen mit allen anderen leiden, nicht für das, was wir getan haben, sondern für das, was zu tun wir unterlassen haben. Schmerzen gehen heute an keinem vorbei. Der Grund dafür ist die vollkommene gegenseitige Abhängigkeit der Menschheit. Dies stellt die Lektion dar, die wir lernen müssen: daß wir andere auf eigene Kosten in ihrem Elend oder ihrer Unkenntnis lassen. Wir sind eins.

Als nächstes gilt es, das geheimnisvolle Wirken des Karmas aufzudecken, jener Kraft, die die Bedingungen jedes Seinzentrums von der Protoplasmazelle bis zum ungeheuren Kosmos gestaltet. Wäre die Welt nichts anderes als eine Sammlung materieller Gegenstände, könnte das Karma niemals in Kraft treten. Aber weil sie, wie der Mentalismus zeigt, eine Sammlung von gedanklichen Gebilden ist und weil es einen WELT-GEIST als den einheitlichen, alle diese Gebilde verknüpfenden Grund gibt, besteht die Möglichkeit des Karmas als eine wirkende Kraft. Denn Karma wäre bedeutungslos, wenn zwischen der Vergangenheit, Gegenwart und Zukunft aller dieser Dinge und Kreaturen, die die universelle Existenz ausmachen, nicht ein gewisser ordentlicher Zusammenhang bestünde. Aber dies bedeutet, daß die Natur in ihren geheimen Winkeln auf irgendeine Weise Erinnerungen aufrechterhält und verwahrt.

Wenn jedes Individuum eine Aufzeichnung seiner eigenen Geschichte verwahrt, warum sollte es dann seltsam scheinen, daß der WELT-GEIST eine Aufzeichnung seiner eigenen aufhebt? Und weil die Existenz des WELT-GEISTES untrennbar verknüpft ist mit der des manifestierten Kosmos, verwahrt er auch einen alles umfassenden Bericht über die Geschichte des Weltalls selbst. Kein Gedanke, Ereignis, Gegenstand, keine Szene und Gestalt geht jemals gänzlich verloren. Dies bedeutet, daß die Erinnerungen an räumlich und zeitlich in unermeßlicher Ferne liegende Erdbälle und Sterne und Nebel nach wie vor aufbewahrt sind. Aber die menschliche Vorstellungskraft muß zurückschrecken vor den grenzenlosen Folgen dieser Wahrheit, da ihre Schranken die eigene Tätigkeit zunichte machen. Weil die Erinnerung nicht ein Gegenstand ist, den die Sinne erfassen können, sondern etwas gänzlich Immaterielles, setzt sie ihrerseits die Existenz von etwas Geistigem voraus. Ein geistiges Prinzip, das räumlich von kosmischem Ausmaß und zeitlich von ewigem sein soll, ist und kann nichts anderes sein als der WELT-GEIST selbst. Infolgedessen läßt sich die Grundlage allen karmischen Wirkens zurückführen auf den WELT-GEIST. Entstehen, Fortdauer und Auflösung des Karmas ist in der Tat die Zwillingsfunktion der karmischen Ideenbildung.

Ein und dasselbe Licht bricht sich in Millionen von Fotografien, jede verschieden von allen anderen. Ein und derselbe WELT-GEIST bricht sich in Millionen von Wesenheiten, jede verschieden von allen anderen. Und genauso wie die Gegenstände im Weltall durch die Kraft des Karmas ins Dasein treten, entstehen auch die Individuen. Die neue Kreatur taucht auf ganz ähnliche Weise im universellen Dasein auf wie das neue Ding, d. h. durch eine Aktivierung der Kette seiner alten karmischen Eindrücke, die selbst aus einer noch früheren Existenz rühren. Das Individuum und die Welt entstehen zusammen im selben Augenblick aus der Vergangenheit, die hinter beiden einhergeht. Seine Karmas sind verbunden mit den Karmas der universellen Existenz und erscheinen nicht getrennt oder danach. Das eine beginnt gleichzeitig mit der Regung des andern tätig zu werden. Wenn die Energie des WELT-GEISTES sich manifestiert, nimmt sie einen zweifachen Charakter an, und das Weltall und das Individuum werden zur selben Zeit geboren. Weder das Weltall tritt zuerst in Erscheinung noch die Individuen, sondern beide zusammen. Anders ausgedrückt: Wenn die sich kräuselnden Wellen des Karmas über den See des WELT-GEISTES fließen, bewegen sie sich gleichzeitig und funktionsmäßig auf dieselbe Weise sowohl durch das Weltall als auch durch das Individuum.

Karma, das kinetische Gedächtnis der Natur, ist notwendigerweise mit der Vorstellungskraft der Natur verknüpft.

Genauso wie ein gewaltiger Eichenbaum einst eine unsichtbare und immaterielle Existenz in der Eichel führte oder der zarte Duft einer weißen Blume einst geruchlos in dem winzigen Samen existierte, so existierten die Erde, die Sterne und die Sonne, die wir heute rund um uns sehen, einst immateriell in der keimartigen Form, die ihr eigenes Karma im Gedächtnis des WELT-GEISTES verwahrt hatte. Jeder Sternenkörper am Firmament mit seinen besonderen, ihn unterscheidenen Merkmalen und jedes Geschöpf, das darauf wohnte, mit seinen eigenen Wünschen, Neigungen und Fähigkeiten, wurde durch die wundervollen Fähigkeiten des WELT-GEISTES im Gedächtnis aufbewahrt. Daraus läßt sich ersehen, daß die Erinnerungskraft eine überaus große Rolle bei der Erschaffung der Welt spielte, derer wir bewußt sind.

Durch ebendiese sich einander beinflussenden karmischen Prozesse wird das Weltall möglich. Der WELT-GEIST bringt seine allgemeinen Welt-Bilder nicht willkürlich durch einen göttlichen Machtspruch hervor, sondern aufgrund deren natürlicher Kontinuität als die Folgen aller früher existierenden. Sie stellen eine Fortsetzung aller erinnerten, vorher erschienen Welt-Bilder dar, die durch eigene gegenseitige Beeinflußung und Entwicklung und nicht durch den launischen Befehl eines vermenschlichten Gottes abgeändert und entfaltet worden sind. Der WELT-GEIST schafft das Weltall, indem er es konstruktiv denkt. Indes denkt er nicht willkürlich. Die Gedanken entstehen vielmehr von selbst nach einem strengen karmischen und evolutionären Gesetz. Es muß betont werden, daß das Universum dieser Sicht zufolge ein sich selbst in Gang bringendes System ist. Ebenso muß aber auch verstanden werden, daß das System selbst, seine ununterbrochene Existenz und anhaltende Tätigkeit, vom WELT-GEIST abhängig ist. Alle karmischen Kräfte und Gedanken-Formen setzen ihre wechselseitigen Tätigkeiten fort, sind miteinander verknüpft, beeinflussen und entfalten sich aus eigenem Antrieb in der Gegenwart von Sonnenlicht. Aber ebendieser Gegenwart verdanken sie ihre Leben und ihre Existenz.

KARMA UND INNERE ENTWICKLUNG

Das Karma erfüllt zwar seinen eigenen Zweck, kann aber nicht umhin, auch einen anderen und höheren zu erfüllen; es bringt uns das, was für unsere Entwicklung unabdingbar ist.

Ereignisse, von denen wir betroffen sind, sind nicht notwendigerweise karmisch in dem Sinne, daß wir sie verdient haben. Sie können auch einen nicht-karmischen Ursprung haben. Nichts, was wir körperlich taten, rief sie hervor, indes sind sie das, was wir zu diesem Zeitpunkt für unsere Charakterbildung oder unser Leistungsvermögen, unsere Entwicklung oder Maßregelung benötigen. Beide Arten sind vom Schicksal verhängt. In diesem Sinne sind sie GOTTES Wille.

Die Freiheit des menschlichen Geistes ist nicht grenzenlos. Am Ende muß sie sich den evolutionären Zwecken der Welt-Idee anpassen. Tut sie das bis zu einem gewissen Zeitpunkt nicht freiwillig, dann rufen diese Zwecke die Mächte des Schmerzes hervor und zwingen die menschliche Wesenheit, sich ihnen zu fügen.

Es gibt Zeiten, da euer Ego um eurer inneren Entfaltung willen zermalmt werden muß; dann werdet ihr euch gefügig gemacht sehen unter der Last harter Ereignisse oder melancholischer Gedanken.

Falls eure Bedürfnisse nach Weiterentwicklung es erforderlich machen, werdet ihr euch von Schwierigkeiten verfolgt wissen, durch die eure Bindung an die Welt gelockert werden soll, oder von einer Krankheit, durch die eure Bindung an den Körper gelockert werden soll. Dabei geht es dann nicht so sehr um ein selbstverdientes Schicksal als vielmehr um die Befriedigung von Bedürfnissen. Meistens fällt beides zusammen, indes nicht immer und nicht unbedingt. Auch ist es beim Durchschnittsmenschen nicht oft der Fall, sondern eher bei Suchenden, denn letztere haben um eine raschere Entwicklung gebeten oder gebetet.

Lassen sich gewisse Verhaltensfehler, gewisse Charakterschwächen einfach nicht korrigieren? Laß dir genug Zeit, d.h. genügend viele Leben, und du wirst nicht imstande sein, dich gegen Veränderungen und Verbesserungen zu wehren, d.h., du wirst nicht imstande sein, dich gegen die Welt-Idee zu wehren. Religiös gesprochen ist GOTT Wille.

LERNEN, INDEM WIR HANDELN

Das Leben versucht nicht, die Menschen glücklich oder unglücklich zu machen. Es versucht, sie verstehen zu lehren. Ihr Glück oder Unglück kommt als ein Nebenprodukt ihres Erfolgs oder Mißerfolgs, es zu verstehen, zustande.

Ich glaube an die Liebe, nicht an den Haß, als eine motivierende Kraft der Neugestaltung. Gleichzeitig sehe ich, wie das Karma die Selbstsüchtigen und Herzlosen straft, und weiß, es wird sein unerbittliches

Werk ausführen, gleich was irgendeiner sagt. GOTT macht niemals einen Fehler, und dieses Universum wird nach vollkommenen Gesetzen gelenkt. Leider ist Schmerz eines seiner Hauptinstrumente zur Evolution, insbesondere dort, wo die Menschen nicht aus Intuition, Vernunft und von den Propheten lernen wollen.

Menschen, die andere hinterhältig verletzen, verletzen sich letzten Endes selbst. Denn sie verleugnen das Prinzip der Liebe in ihren Beziehungen, ein Prinzip, das ein Teil der höheren, für unsere Entwicklung maßgeblichen Gesetze ist, und müssen die Strafe dafür bezahlen.

Karma ist wirklich neutral, wiewohl seine Wirkungen für den menschlichen Beobachter allem Anschein nach belohnend oder strafend sind.

Gewisse Sorgen oder Enttäuschungen im Leben widerfahren uns aus einem jeweils ganz speziellen Grund. Wenn wir uns die Mühe machen, diesen herauszufinden, können wir das Erlebte bewältigen und uns charakterlich aufbauen, oder wir können uns davon überwältigen lassen und charakterlich Schaden nehmen. Durch viele völlig verschiedene Erlebnisse wird uns die Chance geboten, unsere Denk- und Urteilsfähigkeit, unseren Willen und unsere Intuition zu entfalten. Richtig behandelte Erlebnisse können zu wirksamen Mitteln werden, die es uns möglich machen, zu einem höheren Standpunkt überzugehen. Wir sollten jedes Erlebnis – sei es schmerzlich oder erfreulich – um der darin steckenden Lektionen willen nutzbar machen, so wie ein Schriftsteller es als Material für eine Geschichte ausnutzen könnte.

Wenn wir die Ergebnisse unserer Handlungen kennen, haben wir die Chance, den Wert jener Gedanken zu beurteilen, die zu diesen Handlungen geführt haben. Anders gesagt: Erfahrung bringt, vorausgesetzt, wir lassen es zu, Verantwortung und Verantwortung Entwicklung.

Dergestalt ist das Schicksal, daß es uns manchmal gibt, was wir uns wünschen, damit wir aus dieser Erfahrung schließlich lernen, uns ein gerechteres Urteil darüber zu bilden. Dann haben wir die Gelegenheit, die nachteilige Seite dieser Erfahrung in Augenschein zu nehmen, woran uns unsere Sehnsucht nur allzuoft hindert. Aber das Schicksal kann auch das Gegenteil bewirken, kann auch verhindern, daß unsere Wünsche in Erfüllung gehen. Dadurch haben wir die Chance zu lernen, daß wir nicht nur hier sind, um unsere enge egoistische Befriedigung zu sichern, sondern auch, und in erster Linie dazu, die größeren Zwecke des Lebens zu erfüllen, die in der Welt-Idee beschlossen liegen.

Sekten, die lehren, daß das Schicksal nicht wichtig ist oder nicht existiert, können niemals zu wirklichem Glück führen, denn sie verherrlichen, daß ein Blinder einen Blinden führt. Das Schicksal existiert, und es ist klug, sich dieser Tatsache zu stellen und sie zuzugeben. Seine Existenz einfach in Abrede zu stellen schafft es nicht aus der Welt. Es ist da und läßt sich durch nichts wegbeten und wegmeditieren, denn es existiert zum Wohl der Menschheit – um uns ethisch und verstandesmäßig zu bilden – und weil wir, solange wir auf und in dieser Welt leben, das eine nicht ohne das andere haben können.

Bei ihrer Abrechnung über Glück und Unglück vergessen die Menschen meistens, die aus jeder Erfahrung gewonnenen sittlichen Werte dazuzuzählen. Sobald wir aber etwas Verständnis für diese Dinge entwickelt haben, verstehen wir auch unwillkürlich die Wahrheit unserer persönlichen Verantwortlichkeit, und zwar nicht als ein intellektuelles Dogma, sondern als eine zutiefst empfundene Überzeugung.

Das Gesetz der Vergeltung sieht sich nicht zunichte gemacht oder widerlegt, weil Skeptiker beweisen können, daß es hartgesottene, rücksichtslose Individuen gibt, die das Leben anderer zerstört haben und so zu Macht und Reichtum gelangt sind. Eine richtige Beurteilung des Glücks oder Unglücks solcher Individuen kann nicht nur auf ihren Bankkonten oder ihrer sozialen Stellung fußen. Nehmt auch ihren körperlichen Gesundheitszustand, ihr geistiges Wohlergehen, ihr Gewissen auf der Traumstufe, ihr häusliches Leben, ihre familiären Beziehungen und nächste Inkarnation in Augenschein. Erst dann, und nicht zuvor, läßt sich die An- oder Abwesenheit dieses Gesetzes richtig beurteilen.

Wir entwickeln uns nicht leicht vom Schlechteren zum Besseren oder vom Besseren zum Besten. Für den Kampf aus unseren Unzulänglichkeiten zahlen wir mit Plackerei, Opfern und Sorgen. Das Übel dieser Dinge ist nicht nur augenscheinlich, noch steht es im wesentlichen oder letztlich in Konflikt mit der göttlichen Liebe. Alles, was uns am Ende unsere göttliche Natur zu verwirklichen hilft, ist gut, auch wenn es schmerzlich ist, und alles, was uns daran hindert, schlecht, auch wenn es erfreulich ist. Wenn ein persönliches Kümmernis dieses Ergebnis begünstigt, ist es in Wirklichkeit gut, und wenn ein persönliches Glück es verzögert, ist es in Wirklichkeit schlecht. Weil wir das nicht wahrhaben wollen, beschweren wir uns über die Gegenwart von Schmerz und Leid im göttlichen Plan und über die Abwesenheit der Gnade im göttlichen Willen. Wir wissen nicht, worin das wirklich Gute für uns liegt, und weil wir dem Ego, den Begierden, Emotionen und leidenschaftlichen Ausbrüchen blindlings willfahren, verdrängen wir es durch ein eingebildetes, trügerisches Gutes. Infolgedessen glauben wir gerade dann nicht mehr an GOTTES Weisheit, wenn sie klar zutage tritt, und stimmt uns GOTTES Gleichgültigkeit gerade dann am bittersten, wenn GOTT uns die größte Rücksicht angedeihen läßt. Erst wenn wir genug Mut aufbringen, unsere egoistische, gedankenlose und vor falschen Vorstellungen von Gut und Böse strotzende Haltung, die uns so zur Gewohnheit geworden ist, abzulegen, werden wir unsere Sorgen nicht mehr unnötigerweise in die Länge ziehen und mehren.

Was würde mit einer Hand geschehen, die aus Versehen in ein Feuer gehalten würde, wenn es kein Nervensystem gäbe, um dem Besitzer der Hand ein warnendes Schmerzsignal zu senden? Sie würde zerstört und vollkommen unbrauchbar werden. In diesem Fall würde sich der Schmerz des Verbranntwerdens, so schrecklich er auch sein mag, als ein versteckter Freund entpuppen, wenn er den Besitzer überzeugte, seine Hand aus dem Feuer zurückziehen. Insofern Schmerzen physisches Leben beschützen, spielen sie eine sinnvolle Rolle im universellen Schema der Dinge. Was ist aber mit dem Schutz des moralischen Lebens? Auf der gegenwärtigen Entwicklungsstufe unserer moralischen Existenz spielt der Schmerz kaum eine nutzlosere, sondern oft eine nützlichere Rolle als das Vernügen. Aber unser Egoismus macht uns blind für diesen Sachverhalt. Wenn der Schmerz nicht mehr tut, als uns aus dem geistigen Stumpfsinn wachzurütteln, in den die meisten von uns aus Gewohnheit verfallen, hat er etwas sich Lohnendes erreicht. Plato meinte sogar, ein Mensch, der einer verdienten Strafe entrinnt, zöge Unglück auf sich. Schließlich mag ihm die Strafe bewußtmachen, daß ein Unrecht geschehen ist, und ihn so charakterlich läutern. Gerade Schmerz mag seine Grausamkeit, seinen Stolz und seine Gier brechen, denn diese zu berichtigen, sind bloße Worte kaum imstande. Der Schmerz, der einem aufgeblasene »Ich«-Gefühl etwa durch die ausgleichende Wirkung des Karmas zugefügt wird, stellt in Wirklichkeit ebensowenig eine Bestrafung dar, wie der Schmerz, den uns ein Chirurg zufügt, der einen Abszeß mit dem Messer aufschneidet.

Wenn die Entfaltung seines Lebens nicht der von ihm geplanten Linie folgt, gerät der Ehrgeizige geistig und emotional so durcheinander, daß er an sich selbst zu zweifeln beginnt. Gerade dann nimmt das Höhere Selbst ihm die Zügel aus der Hand, um ihm durch diesen neuen Zyklus von schlechtem Karma jene Lektionen beizubringen, die er nicht aus vielversprechenden Erfolgen hat lernen können.

Der unbewußte Zusammenhang zwischen begangenem Unrecht und den Schmerzen, die wir auf uns geladen haben, führt dazu, daß wir uns unsicherer und unwohler fühlen, je öfter wir solche Handlungen begehen.

Hartgesottener Egoismus ist schlecht angelegt. Denn er bedeutet, daß in Notzeiten niemand da ist, der uns hilft; in der Stunde des Schmerzes keiner, der uns tröstet. Was wir weggeben, kriegen wir zurück.

Der brutale Egoist, der sich bei seinem Aufstieg gewissenlos über andere hinwegsetzt, wird sich zur festgesetzen Stunde selbst mit Härte behandelt sehen.

Das durch den Schuß eines Jägers tödlich verwundete Reh ist nicht imstande, das LEBEN zu fragen, warum es so leidet, aber ein durch den Schuß eines Mörders tödlich verwundeter Mensch ist es.

In der weißen Glut des Hochofens der Not verwandelt sich das Eisen des menschlichen Charakters zu gehärtetem Stahl.

Unaufhörlich dreht sich das Rad des Lebens durch verschiedenartige Erfahrungen, und wir sind unselig an es gekettet. Aber wenn wir schließlich verstehen, was geschieht, und Macht darüber gewinnen, sehen wir uns befreit.

Freiheit, Schicksal und Geschick

Freilich darf nicht angenommen werden, daß wir so hilflos sind, wie wir scheinen. Einen Großteil unseres Schicksals haben wir selbst in der Vergangenheit gemacht. Deshalb können wir es ändern helfen. Das Schicksal hat zwar Gewalt über uns, aber unser freier Wille hat umgekehrt etwas Gewalt über das Schicksal. Allerdings trifft das nur in dem Maße zu, in dem wir aus unseren Erfahrungen lernen und unseren freien Willen schöpferisch nutzbar machen.

Beides können wir nicht befürworten, weder die arrogante Einstellung des Abendlandes, die meint, sie sei Herr über das Leben, noch die hoffnunglose des Orients, die meint, sie sei ein Opfer des Lebens. Die eine überschätzt und die andere unterschätzt die schöpferischen Kräfte des Menschen. Die eine denkt, sie könne alle menschlichen Übel bannen, und die andere erachtet sie als unabänderlich.

Lassen wir es zu, daß der Glaube an das Geschick uns vollkommen lähmt und mutlos macht, sollte er neu untersucht werden. Lassen wir es zu, daß der Glaube an die Freiheit des Willens uns zu arroganten Egoisten und ignoranten Materialisten macht, dann sollte auch er untersucht werden.

Am Ende sind die alten Argumente über Schicksal und Willensfreiheit völlig nutzlos. Es ist möglich zu beweisen, daß es dem Menschen uneingeschränkt freisteht, sich und seine Umwelt zu verbessern, aber es ist auch möglich zu beweisen, daß er hilflos ist. Dies ist so, weil beide Seiten der Angelegenheit zugegen sind und in jeden Bericht über die menschliche Situation einfließen müssen. Die WELT-IDEE macht gewisse Ereignisse und äußere Umstände unumgänglich.

Wenn wir die Bedeutung von Worten untersuchen, statt so leichtfertig mit ihnen umzugehen, entdecken wir z.B., daß der Begriff »Willensfreiheit« selten für die Idee steht, für die er eigentlich stehen sollte. Wo in Wirklichkeit ist die Freiheit von Menschen, die die Sklaven ihrer Gelüste sind und keine Gewalt über leidenschaftliche Gefühlsausbrüche haben? Wenn sie das, was sie für ihren eigenen Willen halten, ausdrücken, bringen sie in Wirklichkeit den Willen dieser Gelüste und leidenschaftlichen Gefühlsregungen zum Ausdruck. Wo ist unsere wirkliche Willensfreiheit, solange Begierden, heftige Gemütserregungen, Umgebung, angeborene Eigenschaften und äußere Einflüsterungen die wahre Quelle unserer Handlungen sind? Ohne Freiheit von Begierden gibt es keine Freiheit des Willens. Solange wir unser wahres Selbst nicht finden, können wir auch nicht unseren wahren Willen finden. Das Problem Schicksal kontra Selbstbestimmung läßt sich erst lösen, wenn wir es verstanden haben, und nicht vorher. Aber dieses Verständnis zu erreichen ist unmöglich, wenn wir uns der gewohnten oberflächlichen, statt der selteneren semantischen Betrachtungsweise befleißigen. Unser Wille ist frei, aber nur relativ frei.

Es gibt keine vollkommene Freiheit, aber es gibt auch keine vollkommene Notwendigkeit. Es gibt nur eine beschränkte Willensfreiheit, eine Freiheit, die gebunden ist. Die Philosophie sieht in der Intelligenz, die sie im Menschen vorfindet, und im GÖTTLICHEN GEIST, aus dem diese Intelligenz sich ableitet, die Grundlage für diese Freiheit im Menschen.

Gibt es denn – so mögen wir fragen – auf unserem ganzen Weg keinen Punkt, an dem wir wirklich eine Wahl haben, an dem wir uns wirklich für eine von zwei Verhaltensweisen entscheiden und tun können, was wir tatsächlich tun wollen? Unsere Freiheit besteht darin, daß wir zwar zwischen der einen oder anderen Handlung, aber nicht zwischen den Folgen wählen können, die diese Handlungen nach sich ziehen. Wir dürfen Anspruch auf unseren inneren Frieden erheben, was immer unsere äußere Zukunft bringen mag, dürfen unsere eigenen Lebensziele bestimmen, Überzeugungen wählen, Ideen bilden, Wünsche hegen und Aversionen zum Ausdruck bringen, ganz nach Wunsch. Hier, in diesem Bereich des Denkens und Fühlens, von Aktion und Reaktion, vermag sich unser Wille größtenteils frei zu bewegen.

Die materialistische Lehre vom »Determinismus« ist ein Gemisch aus Wahrheit und Verfälschung. Sie weist zu Recht darauf hin, daß unser äußeres Leben festgelegt ist durch unsere äußeren Lebensverhältnisse und Ereignisse. Was aber moralische Entscheidungen angeht, irrt sie sich vollkommen.

Aber die Wahl zwischen Recht und Unrecht kann nur existieren, wo dem Willen die Freiheit aneignet, sie zu treffen. Der Mensch sei weder frei noch verantwortlich, meint der materialistische Determinismus. Wenn einer ein Verbrecher ist oder zum Verbrecher wird, ist die Umwelt daran schuld, die Vererbung, die Gesellschaft – nicht er. Spiritueller Determinismus, Karma (Ausgleich), gesteht uns nicht eine so große Freiheit zu, die Gesetze zu brechen. Er behauptet vielmehr, daß jeder von uns teilweise Urheber seines eigenen Charakters war und ist und deswegen auch seines Geschicks.

Wo wir die Existenz des freien Willens billigen, billigen wir zwangsläufig auch die Existenz des Schicksals. Denn wenn wir untersuchen, wie der Freiheitsgedanke im Geist entsteht, zeigt sich, daß sein Entstehen stets mit dem Schicksalsgedanken gekoppelt ist. Die Leugnung des einen läuft auf die Leugnung des anderen hinaus.

In jedem Leben gibt es einen vom Geschick gefügten, aus vergangenem Karma rührenden Anteil, aber es gibt auch einen gewissen Anteil an freiem Willen, vorausgesetzt, man übt ihn aus. Nicht jeder Vorfall in unserem Leben ist karmisch, er kann auch ein Produkt unserer gegenwärtigen Handlungen sein.

Wer sich einbildet, alle seine Handlungen seien gänzlich das Ergebnis seiner persönlichen Entscheidung, wer in dem Wahn lebt, uneingeschränkte Willensfreiheit zu besitzen, ist einfach blind und in sein Ego vernarrt. Er sieht nicht, daß es ihm zu gewissen Zeiten nicht möglich war, anders zu handeln, weil es keine andere Alternative gab. Diese Unmöglichkeit entstand, weil es ein nach einem vernünftigen Muster wirkendes Gesetz gibt, das die äußeren Umstände fügt oder Triebkräfte freisetzt. Zu den wichtigsten Bestandteilen dieses Musters zählen Karma, Evolution und Denkrichtung des Individuums.

Wie anders unser Leben vielleicht verlaufen wäre, wenn wir einer bestimmten Person nicht zufällig begegnet wären – eine Begegnung, die von folgenschwerer Tragweite für uns sein sollte –, liefert Material für qualvolle Spekulationen. Manchmal, so heißt es, hängt das Schicksal an einem Faden; indes hängt es immer an einem so wirren Fadenknäuel von bedingten äußeren Umständen, daß die Spekulation, wie es wohl verlaufen wäre, wenn nur einer der Fäden anders gewesen wäre, ein zwar sinnloses, aber faszinierendes Spiel ist.

Unser ganzes Geschick mag von einem Ereignis, einer Entscheidung, einem äußeren Umstand abhängen. Diese eine Ursache mag für die ganzen darauffolgenden Jahre von Bedeutung sein.

Es kann nicht sein, daß der Wille des Karmas nur in einem speziellen Teil unseres Lebens zum Tragen kommt und nicht in den anderen Teilen oder bei nur einem speziellen Vorfall in unserem Leben und nicht bei den anderen. Es kann nicht sein, daß er hier und nicht dort, in der Vergangenheit und nicht in der Zukunft ist. Er muß immer gegenwärtig sein oder niemals und nirgendwo. Noch kann er, wenn man diesen Gedankengang weiterspinnt, sich nur auf wichtige Dinge beschränken und geringfügige auslassen. Wenn das, was uns widerfährt, also schicksalsbedingter ist, als es uns im Westen behagt, müssen wir an die andere Facette dieser Wahrheit denken, an die schöpferische und gottgleiche Intelligenz, die in unserer tieferen Menschlichkeit liegt, und an das damit einhergehende Maß an innerem Frieden.

Wer Einspruch erhebt gegen die Lehre vom selbstbestimmten Schicksal und eine absolute Freiheit des Willens aufstellt, soll zeigen, wie der freier Wille die Ergebnisse eines Mordes zu ändern vermag. Kann er den Leichnam wieder lebendig machen oder den Verbrecher vor dem Tode retten? Kann er das Unglück der Ehefrau des Ermordeten wegschaffen? Kann er gar das Schuldgefühl bannen, das den Mörder plagt? Freilich nicht – die Folgen dieser Tat sind unausweichlich.

Überbetonung eines Glaubens wie etwa an die Astrologie mag dazu führen, daß man die eigenen schöpferischen Möglichkeiten unterbetont oder gar ganz vergißt. Beides stellt extreme Schwingungen des Pendels dar. Die Astrologie beruht auf dem Karma, das in den menschlichen Neigungen und Handlungen steckt. Die Entscheidungsfreiheit beruht auf dem evolutionären Bedürfnis, jeden Menschen die Kreativität ausdrücken zu lassen, die aus dem ÜBERSELBST stammt. Man muß beide Faktoren zusammenbringen, um die Wahrheit zu finden.

Über das ewige und ungeteilte ÜBERSELBST, das wirkliche Wesen, hat das Gesetz der Vergeltung keine Gerichtsgewalt, sondern nur über den Körper und den Verstand, über das vergängliche Ego.

Freiheit existiert in euren Herzen, d. h. in eurem ÜBERSELBST. Schicksal existiert an der Oberfläche eures Lebens, d. h. in eurer Persönlichkeit. Weil jedes menschliche Wesen eine Mischung aus diesen beiden Wesen ist, ist weder die Position, die an die Absolutheit des Schicksals, noch die, die an Absolutheit der Willensfreiheit glaubt, vollkommen richtig und muß das äußere Leben eine Mischung von Freiheit und Schicksal sein ... Keine Handlung ist vollkomen frei oder vollkommen vom Schicksal bestimmt; alle sind doppelter, gemischter Natur.

Vererbung, Erziehung, Erfahrung, Karma (kollektives und persönliches), freier Wille und Umwelt zusammen gestalten die äußere Form und das innere Gewebe des Lebens, das zu leben wir gezwungen sind. Wir sticken den Wandteppich unseres eigenen Geschicks selbst, aber Art, Farbe und Qualität der Fäden, die wir dazu benutzen, werden uns aufgezwungen durch unsere eigenen vergangenen Gedanken und Handlungen. Kurzum, unsere Existenz ist halb unabhängig und halb vorherbestimmt.

Das Karma bringt uns die Ergebnisse unserer eigenen Handlungen, aber sie passen in die Welt-Idee, die das höchste Gesetz darstellt und den Lauf der Dinge gestaltet.

Die persönliche Freiheit des einzelnen erstreckt sich bis zu einem gewissen Punkt, dann sieht sie sich vom Schicksal umzingelt. Außerhalb dieser Grenze ist er so hilflos wie ein Neugeborenes, dort vermag er nichts auszurichten.

Auf Geheiß einer Höheren Macht – des Geschicks – kann sich, so zeigen die griechischen Tragödienspiele, ein Vorfall nach dem anderen gegen einen Menschen richten. Sie zeigen auch, wie wenig der menschliche

Wille auszurichten vermag, um eine Kastrophe abzuwenden oder ein Unglück zu verhindern, wenn der universelle Wille in die Gegenrichtung zeigt.

Nur in dem Maße, in dem das Geschick einwilligt in unsere persönlichen Pläne, werden wir deren Ziele erreichen können.

Was eine Höhere Macht gefügt hat, muß geschehen. Aber was ihr für euch selbst gemacht habt, könnt ihr ändern oder rückgängig machen. Ersteres ist Schicksal, zweiteres Geschick. Das eine rührt von außerhalb des persönlichen Ego, das andere aus den eigenen Fehlern. Der evolutionäre Wille eurer Seele ist zwar Teil der Natur der Dinge, aber über die Folgen eurer eigenen Handlungen habt ihr nach wie vor Gewalt, wenn auch nur ein bißchen.

Wenn es wahr wäre, daß jede Handlung, die ihr begeht, und jeder Vorfall, in den ihr verstrickt seid, bis in die kleinste Einzelheit vorherbestimmt ist, sähe sich eure moralische Verantwortlichkeit notwendigerweise über den Haufen geworfen, mit verhängnisvollen Folgen sowohl für die Gesellschaft als auch für euch.

Im Laufe der sich von Jahrhundert zu Jahrhundert anhäufenden Leben schlingt sich das Netz des Karmas immer enger um den Menschen, oder es schwindet dahin, während das Ego zunehmend unpersönlicher wird.

※

Auf die etwas geheimnisvolle Art, auf die das vom Schicksal Gefügte sich einstellt auf das, was die freie Entschlußkraft will, tritt das Endergebnis zutage.

※

Ihr mögt freilich versuchen, eurem Schicksal ein Schnippchen zu schlagen, aber es wird euch einholen, außer ihr habt euer spirituelles Bewußtsein erweitert.

※

Was geschehen soll, geschieht paradoxerweise durch die Ausübung unseres freien Willens.

※

Willensfreiheit kontra Schicksal – eine alte und unnütze Streitfrage. Sie ist völlig künstlich und daher kann sie so, wie sie dargestellt ist, nicht gelöst werden. Denn es handelt sich dabei nicht um widersprüchliche, sondern um einander ergänzende Begriffe. Sie bedeuten nicht das Gegenteil. Der Kluge kombiniert sie. Alle Diskussionen über ein solches

Thema, die den Faktoren Karma und Evolution aus Unkenntnis nicht Rechnung tragen, sind wirklichkeitsfremd, oberflächlich und trügerisch. Als geistige Wesen besitzen wir freilich einen freien Willen, nicht aber als menschliche. Darin liegt der Schlüssel zu dieser ganzen Angelegenheit.

Freiheit und Umwelt

Jeder von uns lebt zu einer gewissen Zeit in der Geschichte und nimmt während dieser Zeit einen gewissen Platz (oder gewisse Plätze) in Anspruch. Warum jetzt und hier? Sucht beim Gesetz von den Folgen nach der Antwort, dem Gesetz, das ein Erdenleben mit früheren verknüpft.

Es ist falsch zu sagen, wir seien ein Produkt unserer Umwelt. Richtig ist, daß sie uns bedingt, unterstützt oder hindert, aber auch das ist nur die halbe Wahrheit. Wir tragen ein Bewußtsein in uns, das in verschiedenen Punkten und Eigenschaften nicht von den ganzen, aus der Umwelt rührenden Einflüsterungen abhängig ist und gelegentlich sogar in völligem Widerspruch zu ihnen steht. Denn latent besitzen wir vom ersten Tag auf Erden an gewisse Neigungen und Abneigungen, gewisse Begabungen für eher die einen als die anderen Denk- und Handlungslinien, deren Summe – so, wie sie zutage treten und sich dann entwickeln – unsere Persönlichkeit ausmacht. Ein solcher Prozeß nimmt natürlich Zeit in Anspruch. Biologische Vererbung trägt zwar eindeutig zu diesem Ergebnis bei, indes ist der Beitrag früherer Inkarnationen erheblich größer.

Äußere Umstände begünstigen oder verhindern das Zutagetreten angeborener Fähigkeiten, aber sie erzeugen sie nicht. Wäre das der Fall, so könnte man in jeder Schule und jedem Studio maßgeschneiderte Genies herstellen.

Schlechte äußere Lebensbedingungen schaffen den schlechten Charakter nicht. Sie streichen ihn heraus und begünstigen seine Entwicklung. Die Schwächen waren bereits latent vorhanden.

Es stimmt, daß starke oder weise Menschen über ihre Sterne herrschen und ihre äußeren Verhältnisse bezwingen, aber es stimmt auch – und dies stellt eine freilich oft übersehene Tatsache dar –, daß die Kraft und Weisheit, die sie dazu benötigen, von innen kommen, daß diese Kraft und Weisheit eher in solchen Menschen geboren als von ihnen gelernt werden.

Der Durchschnittsmensch ist keineswegs so heroisch oder so engelhaft und findet bald heraus, daß seine Seele sich nicht über die äußeren Umstände hinwegsetzen kann und daß die Umwelteinflüsse an seinen Nerven zehren.

Es mag eure Bestimmung sein, unter gewissen äußeren Umständen zu leben, aber wie ihr euch von ihnen beeinflussen laßt, ist nicht vorherbestimmt.

Die Menschen, denen ihr begegnet, die Ereignisse, mit denen ihr euch konfrontiert seht, und die Orte, die ihr bereist, mögen von größter Bedeutung sein, aber zum Schluß sind sie nicht so wichtig wie die Gedanken über sie.

Jede Person, die für eine Weile in unserem Leben auftaucht oder zu einem gewissen Zeitpunkt in es verwickelt wird, ist ein unbewußter Kanal, der Gutes oder Böses, Weisheit oder Dummheit, Glück oder Unglück bringt. Dies geschieht, weil es vorherbestimmt war – unter dem Gesetz des Ausgleichs. Aber das Ausmaß, in dem sie unsere äußeren Angelegenheiten beeinflußt, hängt teilweise davon ab, wie sehr wir uns von ihr beeinflussen lassen, davon, ob wir die Einflüsterungen, denen wir durch ihr Verhalten, ihre Sprache oder Gegenwart ausgesetzt sind, annehmen oder von uns weisen. Letzten Endes tragen wir die Verantwortung.

Einer, der aus einem reichen Elternhaus stammt, mag vielleicht hervorragende Talente besitzen, sie aber nie nutzbar machen. Sie mögen mit ihm sterben, weil er nie den Stachel der Not zu spüren bekam. Unzureichende oder mäßige Mittel können anspornen. Je schlimmer die Armut, um so größer der Ansporn. Eine harte Predigt, ja, aber für manche ist sie eine wahre.

Ob man das Leben in kärglichem Schmutz oder palastartigem Glanz beginnt, am Ende langt man doch wieder bei der eigenen SPIRITUELLEN Stufe an. Zugestanden, der Einfluß der Umwelt kann hilfreich oder hinderlich sein, aber der Einfluß dessen, was die Seele als wichtig erachtet, ist viel mächtiger und hängt letzten Endes nicht davon ab.

Wenn einer dem Elend, der Unbequemlichkeit und Unwissenheit der Slums entrinnen und ein neues, sauberes, kultiviertes und verfeinertes Leben beginnen kann, können wir zweierlei darin hineinlesen: die günstige Wirkung von Karma und Wiedergeburt oder die Fähigkeit des Betreffenden, äußere Lebensverhältnisse zu besiegen. Aber andere, die nicht dazu imstande sind, mögen sich in dem Glauben bestärkt wähnen, daß das Glück gegen sie ist oder sie machtlos sind gegen die äußeren Umstände. Für die einen enthält die Lektüre der Biographie solcher Menschen also eine hoffnunglsvolle Botschaft, für die anderen indes nur Enttäuschung, wenn nicht gar Verzweiflung. In beiden Ansichten mag ein Funke Wahrheit stecken, aber wieviel, das wird von Person zu Person verschieden sein.

Gruppenkarma

Karma gilt nicht nur für den einzelnen, sondern auch für Gruppen, z.B. für Gemeinden, Städte, Länder, ja sogar für ganze Erdteile. Nirgendwo und auf keine Weise kann man dem Rest der Menschheit entrinnen. Alle sind miteinander verknüpft. Der einzelne mag sich zwar, wie fast jeder von uns, vorgaukeln, er könne sein eigenes Leben führen und die anderen ruhig ihrem Los überlassen, aber früher oder später zeigt die Erfahrung, daß diese Annahme falsch ist. Letzten Endes bilden alle eine große Familie – eine Einsicht, zu der man nach tiefer Betrachtung der eigenen Lebenserfahrung kommt. Wenn man über die WAHRHEIT nachsinnt, zeigt sich schließlich, daß alle, als das ÜBERSELBST, eine Wesenheit sind – wie die Arme und Beine eines einzigen Körpers. Infolgedessen muß jeder von uns das

Wohl der anderen ebenso bedenken wie das eigene, und zwar deswegen, weil die Aufgabe des Karmas nicht nur in der Belehrung des einzelnen besteht, sondern auch darin, der Menschheit en masse die Lehre von ihrer Einheit beizubringen. Wenn man diese Idee in Zusammenhang mit dem letzten Krieg (dem Zweiten Weltkrieg) bringt, erkennt man, daß er zum Teil (und nur zum Teil) ein Produkt der Gleichgültigkeit war, mit der die reichen Völker die ärmeren, die gut regierten Völker die schlecht regierten behandelten, ein Produkt jener auf Isolation bedachten Stimmung, daß im eigenen Lande alles stimmt und es zwar bedauerlich ist, wenn andere im argen liegen, dies aber doch deren eigene Angelegenheit ist. Kurzum, kein einziges Land kann wirklich gedeihen oder glücklich sein, solange es einem seiner armen Nachbarn schlecht geht; jeder ist seines Bruders Hüter.

Auch auf jene erstreckt sich die Wirkung der Vergeltung (ein Stück Karma), die in engem Kontakt mit der Person stehen, durch deren Handlungen oder Gedanken sie ausgelöst worden ist.

Karma ist nicht und kann niemals eine nur persönlich Angelegenheit sein. Die Gesellschaft als ein Ganzes schafft die Elendsviertel, die den Verbrecher hervorbringen. Wenn ihn die Gesellschaft zur Rechenschaft zieht für seine Verbrechen, mag er umgekehrt die Gesellschaft zur Rechenschaft ziehen dafür, daß sie seine kriminelle Veranlagung möglich gemacht hat. Infolgedessen muß die Gesellschaft auch die karmische Verantwortung für seine schlechten Taten mit ihm teilen, wiewohl in einem geringeren Maße.

Wenn ein ganzes Volk den Weg der Sünde geht, brockt es sich Leid ein, das dazu dient, es zu läutern und aufzuklären. Solange eine Gesellschaft von Selbstsucht beherrscht ist, so lange bekommt sie ihre Schmerzen aufgetischt. Solange Völkern die Not anderer Völker gleichgültig ist, so lange werden sie früher oder später selbst von diesen Nöten betroffen sein. Ein reiches Volk macht sich mitschuldig, wenn es sich weigert, ärmeren Völkern zu helfen; ein mächtiges Land macht sich mitschuldig, wenn es die Verfolgung anderer toleriert; und eine aggressive Rasse macht sich mitschuldig, wenn es schwächere Rassen mit Gewalt unterwirft. Die Weltkriege liefern unzählige Beweise für diese Wahrheiten.

Wenn wir verstehen wollen, was in der Welt geschieht, müssen wir zuerst verstehen, daß die versteckten Ursachen ihrer Qualen kontinentales und nationales Karma darstellen. Ein Volk entsteht, indem alle Einzelwesen in ihm zusammengezählt werden. Du bist eines dieser Einzelwesen, dessen Denken und Verhalten das Karma deines Volkes machen hilft. Das kollektive Schicksal ist ein überaus kompliziertes Thema, weil es so viel mehr Elemente enthält als das des Schicksals des einzelnen. Der einzelne, der in einem bestimmten Land zur Welt kommt, muß sowohl am allgemeinen Schicksal des Volkes dieses Landes als auch an seinem eigenen teilnehmen. Wenn er dieses Land aus freien Stücken verläßt, um in ein anderes Land überzusiedeln, nimmt er an einem neuen kollektiven Schicksal teil, das sich zwangsläufig auf sein eigenes auswirken wird und es entweder verbessert, indem es ihm günstigere Gelegenheiten bietet, oder es eben verschlechtert.

Wenn Alexander gepriesen werden soll, weil er die griechische Kultur einfach dadurch bis in den Osten Indiens verbreitete, daß er über andere Länder herfiel, dann verdienen die Generäle Flamius, Sulla und Mummius ein Lob dafür, daß sie die römische Kultur einfach dadurch verbreiteten, daß sie Griechenland angriffen. Das eine ist karmisch mit dem anderen verbunden.

Es gibt ein kollektives Nationalkarma, das langsam wächst und schließlich Tatsache wird. Wenn eine Gruppe von Menschen zusammenlebt und -arbeitet, ob in einem Land oder in einer Stadt, schafft sie sich allmählich ein nationales oder kommunales Schicksal, das alle zu ertragen haben. Manchmal fällt das Ergebnis gut und manchmal fällt es schlecht aus, aber meistens ist es ein Gemisch aus beidem. Daher treffen wir in der Geschichte Dinge wie nationales und rassisches Schicksal an.

Kein Volk vermag der kollektiven Verantwortung zu entrinnen, die es dafür trägt, daß es die Gesetze und Politik, Ideen und Handlungen, Normen und Treueschwüre, die seinen Namen tragen, gutheißt.

Die Person, die Lehren billigt, Befehle und Vorschriften befolgt, folgt blindlings, überläßt der Organisation, deren Mitglied sie ist, die Verantwortung. Aber ihr Versuch schlägt fehl. Das Karma ist nicht nur kollektiv, sondern auch persönlich. Für die Person als Individuum gibt es keine Ausflucht.

Ihr habt unbewußt einen Entschluß gefaßt. Er liegt in eurem Gehorsam gegenüber dem Credo oder der Partei, der ihr euch verschwört und Glauben schenkt. Aber ihr tragt nach wie vor die Verantwortung, schafft nach wie vor persönliches Karma.

So große Katastrophen wie Erdbeben und Sintfluten reißen Hunderte in den Tod, aber hier und da entrinnen einige, denn ihnen ist ein anderes Geschick beschieden. Solche Rettungen geschehen häufig auf wunderbare Weise; sie werden plötzlich an einen anderen Ort gerufen oder durch ein scheinbar zufälliges Ereignis geschützt. Auf diese Weise mag einem das einzelne Geschick, wo es in Konflikt gerät mit dem kollektiven oder nationalen, das Leben retten, während andere zu Fall gebracht werden.

Die Geschichte zeigt deutlich, daß zu gewissen psychologischen Zeitabschnitten ungewöhnliche Menschen auf der Bildfläche erscheinen, um ihr Zeitalter zu inspirieren und zu belehren. Dabei handelt es sich um Menschen des Geschicks.

Wenn ihr die Geschichte studiert und euch eure eigenen Überlegungen dazu macht, statt die altklugen Theorien blinder Historiker zu übernehmen, werdet ihr die Feststellung machen, daß der Beginn großer Umwälzungen, von denen Menschenvölker sich heimgesucht sahen – seien es spirituelle oder gesellschaftliche, militärische oder intellektuelle –, stets mit der Geburt und dem Wirken großer Persönlichkeiten zusammenfiel.

Es ist Unsinn zu sagen, ein einziger Mensch mache eine historische Epoche. Er ist die verkörperte Reaktion, die Rolle, die ihn das Geschick seiner Zeit und die Gedanken jener spielen heißt, unter die er sich geworfen sieht.

Ihnen flößt das Schicksal ein uneingeschränktes Vertrauen auf die eigene Zukunft ein; es formt ihren Charakter und gestaltet ihr geistiges Fassungsvermögen, um es ihnen möglich zu machen, eine in der Evolution der Menschheit historische Aufgabe auszuführen.

Karma und Vorhersehbarkeit

Oft gelingt es dem Psychologen vorauszusagen, wie sich eine Person, an der er eine bestimmte Gruppe von Charaktermerkmalen feststellen kann, in einer gegebenen Situation wahrscheinlich verhalten wird.

Viele Ereignisse im Leben einer Person oder eines Volkes sind vorhersehbar, allerdings nur, wenn die vorhandenen Denkrichtungen und Handlungslinien fortgesetzt werden.

Was mit jedem von uns in Zukunft geschehen wird, ist weder absolut unausweichlich noch absolut unverrückbar, selbst wenn es die logische Folge unserer bekannten und unbekannten Vergangenheit ist. Es hat noch keine feste Gestalt angenommen, kann also bis zu einem gewissen Grad geändert werden. Inwieweit es das kann, läßt sich zum Teil an zwei Dingen ablesen: am Ausmaß unserer Vorkenntnis von dem, was wahrscheinlich geschehen wird, und an den von uns ergriffenen Maßnahmen, es zu umgehen. Indes ist die Fähigkeit, diesen Ereignissen auszuweichen, nicht grenzenlos, denn sie ist stets vom Willen des ÜBERSELBST abhängig.

Ich glaube an gute Vorzeichen. Dies ist der eine schwache kleine Aberglaube, den ich mir leiste: für mich hat der Beginn eines Ereignisses eine durchweg Gutes verheißende Bedeutung.

Vor astrologischen Prophezeiungen muß gewarnt werden. Es gilt, die Deutungen mit größtem Vorbehalt aufzufassen. Jeder Astrologe macht Fehler – und häufig schwerwiegende –, weil wir heutzutage, in diesen modernen Zeiten, nur noch über einen Bruchteil der einstigen Kenntnisse dieser Wissenschaft verfügen. Der Rest ist verlorengegangen.

Einige in der Zukunft liegende Ereignisse lassen sich nicht vermeiden, entweder weil sie aus den Handlungen von Menschen resultieren, die ihren Charakter nicht verbessern oder ihre geistigen Fähigkeiten nicht weiterentwickeln oder ihre Erkenntnisse nicht vertiefen, oder weil sie aus dem Grundmuster der Welt-Idee und den Gesetzen rühren, die die Welt-Idee vorzeichnet und die das körperliche Leben regieren.

Es besteht durchaus eine Gefahr, daß schlechte Weissagungen suggestiv wirken und durch Beeinflussung mentaler oder emotionaler Ursachen zu physischen Auswirkungen führen, die die Weissagungen erfüllen.

Das Horoskop zeigt die Zukunft, indes nur für den Durchschnittsmenschen; für den spirituell Bewußten kann es niemals unverrückbare Gewißheit werden. Denn wo immer einer unter die GÖTTLICHE GNADE kommt, kann er zu jedem Augenblick, zu dem das GÖTTLICHE es will, entweder direkt oder indirekt – durch einen Lehrer – von seinem vergangenen Karma entbunden werden. Der Wille ist frei, weil der MENSCH GÖTTLICH und das GÖTTLICHE SELBST frei ist.

Es ist wichtiger, der Zukunft mit rechten Grundsätzen und charakterlich gefestigt ins Auge zu blicken als mit Prophezeihungen über ihre Einzelheiten. Wenn wir eine gute Einstellung zu ihr entwickeln, können die Ergebnisse nicht schlecht ausfallen.

Wie genau wir die Zukunft auch zu ergründen suchen, wirklichem Frieden kommen wir damit nicht einen Deut näher; aber ein unbeirrbares und ergebenes Trachten nach dem ÜBERSELBST bringt allmählich unsterbliches Licht und Leben.

Die Astrologie erfüllt ihren Zweck, wenn sie die Sterne und Planeten benutzt, um uns zu erklären, daß die Ereignisse, in die wir verstrickt sind, auf das Gute oder Schlechte, auf die Klugheit oder Unwissenheit hinweisen, die in uns stecken und in denen die ersten Ursachen dieser Ereignisse zu sehen sind. Wenn sie sie aber als die wirklichen Ursachen benutzt, erweist sie uns einen schlechten Dienst.

Wir dürfen die Zukunft gern den Sternen überlassen, aber nur, wenn wir wissen, daß wir uns treu bleiben können.

ZEITMÄSSIGKEIT, ZYKLEN UND INTENSITÄT DES KARMAS

Jeder Lebensabschnitt hat seine eigene Bewertung, und die Meinungen darüber weichen stark voneinander ab. Einige sagen, die Jugend sei der beste, andere sagen, die mittleren Jahre, und so weiter. Aber welcher sich nun als der beste für sie erweisen wird und in welchem sie am zufriedensten sein werden, hängt in Wirklichkeit mehr von ihrem Karma als von ihrem Alter ab.

Allaugenblicklich sind wir im Begriff, die Geschichte des nächsten Augenblicks zu gestalten, jeden Monat arbeiten wir an der Form des Monats, der auf diesen folgen muß und wird. Kein Tag steht abgeschieden und allein da. Karma ist ein fortlaufender Prozeß und wirkt nicht durch Verzögerung. Es ist in der Tat falsch, eine Art von Richter nach dem Tode darin zu sehen! Indes ist es oft nicht möglich, diese Folgen im Sinne der speziellen äußeren Umstände dieser Geburt auszuarbeiten. In einigen – und nur in diesen – Fällen bekommen wir die Folgen in späteren Geburten zu spüren.

Eines der größten Mißverständnisse, auf die das Karma bei denen stößt, die an es glauben, und vielleicht der Hauptgrund, warum andere nichts von ihm wissen wollen, liegt in der Vorstellung, seine Auswirkungen würden erst nach außerordentlich langen Zeiträumen zutage treten. Was ihr heute tut, wird erst einige Jahrhunderte später in einer künftigen Inkarnation auf euch zurückfallen; was ihr heute erlebt, ist die Folge von dem, was ihr vor hunderten, ja sogar vor tausenden von Jahren getan habt; was ihr hier in diesem 20. Jahrhundert erntet, ist die Frucht von dem, was ihr im 2. Jahrhundert in Rom gesät habt – von dieser Sorte sind die landläufigen Vorstellungen von Wiederverkörperung und Karma. Indes brauchen wir nur die Augen zu öffnen und einen Blick um uns zu werfen, um festzustellen, daß die Menschen *jetzt* überall die Auswirkungen der Handlungen vorgesetzt bekommen, die sie in der gleichen Inkarnation begangen haben.

Meistens tritt die Wirkung des Karmas aus früheren Leben bei der Geburt und im Säuglingsalter, in der Kindheit und während der Jugendzeit zutage. Das im gegenwärtigen geschaffene kommt meistens erst im Erwachsenenalter zur Geltung.

Es ist eine Tatsache im Leben vieler Menschen, daß einige Schwierigkeiten, auf die sie stoßen, nicht aus dem Karma früherer Leben stammen, sondern ausschließlich zu Ursachen gehören, die im gegenwärtigen Leben in Gang gesetzt wurden.

Es ist reiner Unsinn, das Karma (Ausgleich) ständig als eine nur in fernen Wiedergeburten wirkende Kraft auszulegen. In Wirklichkeit wirkt es meistens im selben Leben eines Menschen oder Volkes.

Es gibt Zeiten, da das Karma einer Handlung mit der Geschwindigkeit und Präzision eines Bumerangs zu einem Menschen zurückkommt.

In Dingen körperlicher Gesundheit mögen wir uns jahrelang über das karmische Gesetz hinwegsetzen und erst in den mittleren Jahren oder im Alter dafür bezahlen müssen. Auch mögen wir ihm in solchen Dingen wie dem Verhalten gegenüber anderen Widerstand entgegenbringen und erst in einer späteren Geburt dafür bezahlen müssen. Aber am Ende setzt sich das Gesetz immer durch, schlägt es sich stets im Horoskop nieder, von dem die Gestalt des Körpers und das Wesen der Persönlichkeit geprägt sind.

Aus dieser umfassenden Sicht besteht die beste karmische Belohnung für richtiges Handeln in der charakterlichen Erhöhung, zu der es führt, während umgekehrt die schlimmste karmische Bestrafung für schlechtes in der charakterlichen Herabsetzung besteht, die sich dadurch gesteigert sieht. Der Mentalismus sieht im Denken am Ende das Allerwichtigste, und hier ist es auch so. Denn das Karma hat einen zweifachen Charakter. Jede Tat schafft sowohl die physische Reaktion als auch die psychologische Neigung, die Tat zu wiederholen.

Es ist ein Irrtum, das Karma einer Handlung als etwas zu erachten, das zu einem späteren Zeitpunkt wieder auftaucht oder bald oder viel später zum Handelnden zurückkommt. Es ist nicht eine Reihe, die auf das folgt, was davor getan wurde. Im Gegenteil. Das Karma ist gleichzeitig mit der Tat selbst.

Die Planeten haben keinerlei Gewalt über euer individuelles Geschick, sondern ihre Bewegungen bestimmen die Zeitpunkte, zu denen latentes, von euch verdientes Karma tätig werden und in Kraft treten soll. Das Firmament gleicht also einer gigantischen Uhr, deren Zeiger die schicksalhaften Stunden des menschlichen Lebens anküden, es ist nicht eine Vorratskammer von Kräften, die dieses Leben beeinflussen und beherrschen.

Jede Religion, ob westlich oder östlich, erzählt von den qualvollen Leiden, die die Gottlosen nach dem Tode ertragen müssen. Angeblich verweilen sie für eine geraume Zeit in einer Art Unterwelt, einem Fegefeuer. Aber in Wirklichkeit handelt es sich dabei um ein primitives Symbol für die höhere Lehre, daß die Gottlosen nach dem Tode tatsächlich leiden, aber erst bei ihrer Wiedergeburt auf Erden.

Das Schicksal bewegt sich im Takt von Gewinn und Verlust, in Zyklen von Anhäufung und Entbehrung. Die Kraft, die uns Freunde bringt, die uns lieben, und Feinde, die uns hassen, ist ein und dieselbe.

Das Karma wartet auf den rechten Augenblick, erst dann rechnet es ab; aus der Tatsache, daß seine Abrechnungen periodisch und in Gruppen erfolgen, erklärt sich, warum Glück und Unglück so oft einen offensichtlich zyklischen Lauf nehmen.

Das Ausmaß der karmischen Konsequenzen einer Tat entspricht der Energie, die in ihr steckt. Der WELT-GEIST zeichnet die höchsten Bestrebungen oder gemeinsten Gelüste getreulich auf. Wenn der Gedanke, die Emotion oder die willig ausgeführte Tat nur flüchtig sind und nicht ins Gewicht fallen, bleibt der Eindruck nur latent, wird kein Karma erzeugt. Sehr schwache oder nicht durch Wiederholung verstärkte Eindrücke sind unwirksam, aber wenn sie sich durch ständiges Wiederholen oder Anhäufung steigern, werden sie schließlich karmisch und zeitigen ausgeprägte Ergebnisse. Schon allein aus diesem Grund ist es klug, einen Fehler – vorausgesetzt man bemerkt ihn – im Keim zu ersticken und ihn auszumerzen, bevor er stark genug wird, ernsthaften Schaden anzurichten. Auch ist es klug, daran zu denken, daß hohe Ideale, an denen man unerschütterlich festhält, und hohe, tief im Herzen wurzelnde Sehnsüchte zur gegebenen Zeit Früchte tragen werden, die von gleicher Art sind.

Ganz logisch wird gelehrt, daß sich zwischen den zwei Arten des Karmas einer Person ein Gleichgewicht einstellt, damit das schlechte gemildert oder gar getilgt und das gute verringert oder aufgewogen werden mag.

Unser inneres Leben läuft nach Rhythmen ab, die ebensosehr auf Gesetzen beruhen wie die Gezeiten und das Aufgehen der Sonne.

In den meisten stecken noch so viele latente Möglichkeiten, Gutes und Böses zu bewirken, daß diese nur durch die Drehungen des Rads der äußeren Umstände entwickelt werden können.

Während eines günstigen Zyklus des Geschicks zeitigt ein bißchen richtiges Handeln viele günstige Ergebnisse. Aber während eines ungünstigen führen viele richtige Handlungen nur zu einem kleinen Ergebnis. An dem Betreffenden und seinen Fähigkeiten hat sich freilich nichts geändert, sondern an seinem Geschick. Zu einer Zeit wie dieser schreibt nicht der eigene, sondern ein höherer Wille die Reihenfolge der Ereignisse in seinem Leben vor.

Das Geschick wirkt nicht blind und unintelligent, noch willkürlich und feindlich gegen uns, wie die meisten von uns zu glauben geneigt sind, wenn wir einen Zyklus von ungünstigem Karma über uns ergehen lassen müssen. Im Gegenteil, es stellt das Inkraftsein der ABSOLUTEN WEISHEIT selbst dar.

Das GESETZ kennt zwar kein Erbarmen, ist aber nicht starr: Es paßt die Strafe der Entwicklungsstufe des Menschen an. Der Sünder, der mehr weiß und sich der Tatsache, daß er sündigt, bewußter ist, muß mehr leiden.

Mit jedem moralischen Verstoß gegen das große Gesetz der Wiedergutmachung häuft sich das Leid, das uns früher oder später daraus erwächst. Dies ist ein

Grund, warum oft die Klage lautbar wird, Leid und Elend stünden nicht in einem gerechten Verhältnis zu den Sünden.

※

Die Folgen jahrelangen falschen Handelns und Denkens mögen sich durchaus in ein paar Monate drängen.

※

Für einige Fehler müssen wir mit ein paar Jahren Unglück bezahlen. Aber für andere sehen wir uns ein ganzes Leben lang in Unglück gestürzt. Die Verletzung eines WEISEN, der eine Verkörperung des Mitgefühls ist, kann, falls sie nicht bereut und wiedergutgemacht wird, leicht in die zweite Klasse fallen.

※

Trotzki legte Wert darauf, dem Feind während des russischen Bürgerkrieges keine Gnade angedeihen zu lassen: Da nimmt es einen nicht Wunder, daß seine eigene Ermordung eine gnadenlose Sache war.

Verantwortlichkeit des Einzelnen

Niemand ist verraten worden, weder von GOTT noch vom Leben. Wir haben zu den tragischen Ereignissen unserer Zeit beigetragen und sie bis zu einem gewissen Grad verdient.

Zu viele beten um Erlösung aus den Folgen ihrer Irrtümer oder Schwächen, zu wenige versuchen, sich aus eigener Kraft von diesen Fehlern zu befreien. Falls die Gebete der größeren Gruppe sich erhört sehen, bleiben die Schwächen dennoch übrig, und es wird notgedrungen erneut zu denselben Folgen kommen müssen. Falls die Bemühungen der kleineren Gruppe erfolgreich sind, ist sie auf alle Zeit erlöst.

Es ist Blasphemie, die Ergebnisse menschlicher Nachlässigkeit der Wirkung des göttlichen Willens zuzuschreiben. Es ist Unsinn, göttlichen Geboten die Schuld an menschlicher Dummheit, Faulheit und Disziplinlosigkeit in die Schuhe zu schieben.

Andere für das eigene Unglück oder gar für die eigenen Fehltritte verantwortlich zu machen stellt beim Suchenden ein Manöver dar, mit dem das Ego von seiner eigenen Schuld ablenkt und seinen Einfluß auf Herz und Denken sichert. Aber beim Durchschnittsmenschen stellt es nur den emotionalen Ausdruck spiritueller Unwissenheit dar.

༺❀༻

Wenn die Menschen sich beklagen, daß ihnen das Leben das Schlimmste bringt, sollten sie besser innehalten und sich fragen, ob sie sich innerlich vorbereitet haben, etwas besseres als das Schlimmste auf sich zu ziehen.

༺❀༻

Ihr macht eure schlimme Lage nur noch schlimmer, wenn ihr die elende Schwäche eurer eigenen Faulheit der überwältigenden Macht des Schicksals anlastet.

༺❀༻

Eine weise Einstellung trägt ihre äußeren Probleme in den inneren Charakterbereich, stützt sich auf Intelligenz und geistige Fähigkeiten, und nimmt sie dort in Angriff.

༺❀༻

Aus unseren Untersuchungen des Karmagesetzes mögen wir schließen, daß jeder von uns erwachsen werden und lernen muß, die Verantwortung für seine Handlungen, Entscheidungen, Emotionen und sogar für seine Gedanken zu tragen. Er und nichts anderes ist dafür verantwortlich, welche Ideen und besonders welche Impulse er annimmt und welche er unbeachtet vorübergehen läßt oder beiseite schiebt.

3

Karma und Gnade

Das Wunder der Gnade

Um die meisten von uns stünde es schlecht, wenn das unfehlbare Karma die einzige Kraft hinter dem menschlichem Glück oder Unglück wäre. Wir verfügen weder über die Kenntnis, die Kraft, noch über die Tugendhaftigkeit, um viele gute Verdienste zusammenzuscharren. Im Gegenteil: Unsere Unwissenheit, Schwäche und Sündhaftigkeit ist so groß, daß wir ganze Berge von Fehlern anhäufen. Indes ist die Mildtätigkeit hinter dem Universum dergestalt, daß wir nicht nur der Behandlung des Karmas überlassen sind. Es gibt noch eine zweite Kraft neben ihm: die Kraft der Gnade. Beide wirken zusammen, wiewohl niemand vorherzusagen vermag, wieviel oder wie wenig vom einen oder andern sich im Einzelfall offenbaren wird.

※

Die Meinung, das Karma funktioniere wie eine automatische Maschine, stimmt nicht ganz, und zwar deswegen, weil sie unvollständig ist. Was ihr fehlt, ist das Element der Gnade.

※

Der Ablehnung der Idee von der Gnade liegt eine falsche Vorstellung von ihr und speziell die Überzeugung zugrunde, sie sei eine willkürliche launenhafte Gabe, die aus Günstlingswirtschaft rühre. Sie ist natürlich nichts dergleichen, sondern eher das Inkrafttreten eines Höheren Gesetzes. GNADE ist einfach die transformierende Kraft des ÜBERSELBST. Sie ist allzeit zugegen, aber gesetzmäßig vermag sie meistens erst dann in einer Person zu wirken, wenn diese die ihrem Wirken im Wege stehenden Hindernisse ausräumt. Wenn ihr Erscheinen für nicht vorhersehbar gehalten wird, dann deswegen, weil die schlechten karmischen Tendenzen, die es verhindern, sich in Stärke, Umfang und Länge des Lebens von Person zu Person erheblich unterscheiden. Sobald das Karma, das sie hervorgebracht hat, schwach genug wird, können sie das Wirken der Gnade nicht mehr beeinträchtigen.

Genauso wie diese Generation lang genug lebte, um die Erfahrung der Erdanziehung durch die von Astronauten gemachte Erfahrung der Schwerelosigkeit über den Haufen geworfen zu sehen, hat es in allen Generationen Menschen gegeben, die die Erfahrung des Karmas durch Gnade und Vergebung zunichte gemacht sahen.

Die Rolle der Gnade deswegen abzutun, weil man an das Karmagesetz glaubt, ist so bedauerlich wie die Gepflogenheit, sie zu übertreiben, weil man an eine personale Gottheit glaubt.

Wir brauchen uns dem Strom der Ereignisse nicht tatenlos zu überlassen, nur weil wir ans Geschick glauben. Das ÜBERSELBST liegt tiefer als das Geschick. Es ist allmächtig; auf sein Geheiß fallen die miteinander verbundenen Glieder in der Kette des SCHICKSALS zu Boden; nicht an das ÜBERSELBST und seine Überlegenheit zu glauben ist schlimmer, als an das Geschick und seine Macht zu glauben – nicht, daß das ÜBERSELBST das Geschick überlisten könnte, es löst es lediglich auf.

Das ÜBERSELBST handelt durch ein unerbittliches Gesetz, ja, aber die Liebe gehört zu diesem Gesetz. Die Gnade verletzt kein Prinzip, sondern erfüllt vielmehr das höchste.

Für einige ist es schwierig, den genauen Platz der GNADE im Schema der Dinge zu verstehen. Wenn sie an das Gesetz der Vergeltung glauben, scheint für das Gesetz der GNADE kein Platz übrigzubleiben. Es stimmt, daß wir unser Verhalten ändern und unsere Fehler berichtigen müssen und daß wir diesen notwendigen Pflichten nicht entrinnen können. Aber wir können ihnen allein oder an das ÜBERSELBST denkend und mit seiner Hilfe nachkommen. Diese zweite Vorgehensweise räumt die Möglichkeit der GNADE ein. Indes vermag sich die GNADE nur einzuschalten, wenn die erste Regel befolgt wurde und nur wenn es den höheren Bestrebungen gelungen ist, das Bewußtsein zum ÜBERSELBST zu heben. Dazu genügt ein nur einen Augenblick währender Kontakt. Er bewirkt, daß der innere Wandel vollends zum Abschluß kommt und die restlichen unerfüllten karmischen Konsequenzen erlöschen. Hier gibt es nichts umsonst, keinen Zusammenbruch des Vergeltungsgesetzes. Das Ego muß jedenfalls seinen Willen anstrengen, um zu bereuen und sich zu bessern.

Buddha fand sich in einem Land vor, in dem ein degeneriertes, hinterhältiges Priestertum der Masse weißgemacht hatte, man könne jede Sünde sühnen und deren gegenwärtige oder zukünftigen Auswirkungen auf das Geschick durch irgendwelche bezahlbaren Rituale, Opfer oder Zaubersprüche umgehen. Er versuchte, den moralischen Standard seiner Landsleute dadurch zu erhöhen, daß er die Sündenvergebung leugnete und das unerbittliche Obwalten des karmischen Gesetzes, die strikte Unverbrüchlichkeit einer unsichtbaren Gerechtigkeit bekräftigte. Jesus dagegen fand sich in einem Land vor, in dem die Religion das harte Credo »Aug um Auge, Zahn um Zahn« predigte. Auch er versuchte den moralischen Standard seiner Landsleute zu erhöhen. Indes sah er sich, einer Weisheit folgend, die nicht geringer war als die Buddhas, veranlaßt, die Situation dadurch anzupacken, daß er Nachdruck auf die Vergebung von Sünden und GOTTES Gnade legte. »Das Vergeltunggesetz bringt jedem, was er verdient, und keine religiöse äußere Form vermag seine Wirkung zu beeinflussen« – dies stellt in Wirklichkeit den Kernpunkt vieler buddhistischer Lehren dar. »Stimmt«, könnte Jesus beigepflichtet haben, »aber es gibt auch noch das Gesetz der Liebe, der Liebe GOTTES, für die, die das Vertrauen fassen, diese Liebe anzurufen, und den Willen haben, ihr zu gehorchen.« Laßt uns zugeben, daß beide Propheten recht hatten, wenn wir die unterschiedlichen Gruppen bedenken, zu denen sie sprachen, und daß beide die Art von Hilfe brachten, die jede Gruppe am dringendsten benötigte. Laßt niemanden der Gottheit eine Tugend absprechen, die die Menschheit besitzt. Die Reaktion des Höheren Selbst auf die Buße des Ego ist gewiß. Sie kann sogar soweit gehen, daß Sünden vollkommen vergeben werden.

GNADE ist eine mystische Energie, ein aktives Prinzip, das sich auf das ÜBERSELBST bezieht. Sie kann überall zu Ergebnissen führen, sowohl auf dem Gebiet menschlichen Denkens, Fühlens und Fleisches als auch im Karma, den äußeren Umständen und zwischenmenschlichen Beziehungen des Menschen. Sie ist der kosmische Wille, nicht bloß ein frommer Wunsch oder ein freundlicher Gedanke und unter ihrem unbekannten Gesetz vermag sie echte Wunder zu vollbringen. So groß ist ihre dynamische Macht, daß sie uns ebenso leicht Einsicht nehmen lassen kann in die höchste Wirklichkeit, wie sie einen Sterbenden wieder ins Leben zurückbringen oder einem Krüppel augenblicklich den Gebrauch seiner Glieder wiedergeben kann.

Es gibt für alle Hoffnung, weil es für alle GNADE gibt. Niemand ist so sündhaft, daß er nicht Vergebung, Läuterung und Erquickung finden könnte.

Jenen, die glauben, daß das Weltall nach Gesetzen regiert wird und daß infolgedessen auch das menschliche Leben, als ein Teil davon, nach Gesetzen regiert werden muß, fällt es schwer, an die Vergebung von Sünden zu glauben und an die Lehre von der GNADE, zu der sie ja gehört. Aber laßt sie doch folgendes bedenken: Falls der Mensch sich die Lektion nicht zu eigen macht und sein Verhalten nicht verbessert, sondern wieder in die alten Sünden verfällt, läuft auch deren Vergebung automatisch ab. Das Vergeltungsgesetz sieht sich nicht aufgehoben durch die Vergebung von Fehlern und Sünden, sondern seine eigene Wirkung unterliegt vielmehr dem Einfluß eines parallel wirkenden höheren Gesetzes.

Das ÜBERSELBST übertritt das Gesetz von den Folgen niemals. Falls ihr seine Auswirkungen auf euch in einem speziellen Fall durch eigene Anstrengung abschwächt oder falls die Offenbarung der GNADE dasselbe bewirkt, geschieht dies alles immer noch innerhalb dieses Gesetzes – denn es darf nicht vergessen werden, daß das für eine spezielle Inkarnation bestimmte Los nicht den ganzen Vorrat an Karma aufbraucht, das in den Aufzeichnungen über eine Person existiert. Es gibt stets sehr viel mehr als das Los eines einzigen Erdenlebens. Was geschieht, ist, daß ein Stück günstiges Karma zusammen mit dem ungünstigen ins Leben gerufen wird. Aber das günstige ist qualitativ und zeitlich so beschaffen, daß das ungünstige Karma vollkommen oder teilweise neutralisiert wird, je nachdem, ob das angestrebte Ziel dessen Auslöschung oder nur dessen Abschwächung beinhaltet. Auf diese Weise wirkt dasselbe Gesetz weiter, wiewohl das Ergebnis seiner Wirkung anders ausfällt.

Wenn die vollkommene Unterwerfung des Ego mit der GNADE des ÜBERSELBST belohnt wird, wird euch die dunkelste Vergangenheit verziehen, sind eure Sünden wahrhaftig vergeben.

Drei Arten von GNADE gibt es:
- die, die dem Anschein nach GNADE ist, aber in Wirklichkeit aus vergangenem guten Karma herabsteigt und gänzlich selbstverdient ist;
- die, die ein Meister Schülern oder Kandidaten schenkt, wenn die angemessenen äußeren und in-

neren Umstände herrschen – der Form nach ist diese nur ein blitzartiges Aufleuchten, aber nützlich, weil es einen kurzen Blick auf das Ziel gewährt, die richtige Richtung erahnen läßt und Mut einflößt, mit der SUCHE fortzufahren;
- die, die es einem Menschen, der den höchsten Verwirklichungsgrad erlangt hat, in manchen Fällen ermöglicht, drohendes schlechtes Karma zu ändern oder aufzuheben, weil er die spezielle Lektion, die er zu lernen hatte, gemeistert hat. Dies ist vor allem offensichtlich, wenn die HAND GOTTES Hindernisse entfernt, die der Arbeit solcher Menschen im Wege stehen.

Die philosophische Auffassung von GNADE zeigt, daß GNADE gerecht und vernünftig ist. Sie unterscheidet sich in der Tat erheblich von der ortodoxen religiösen Auffassung, die in der GNADE ein willkürliches Eingreifen der Höheren Macht sieht, das ihren menschlichen Günstlinge zum Nutzen gereicht.

Für die Massen war die von der Volksreligion gelehrte Vorstellung von der GNADE vielleicht eine Hilfe, aber was den philosophischen Suchenden betrifft, so bedarf sie einer umfassenden Überarbeitung. GNADE ist nicht etwas, das einem auf Geheiß eines launischen personalen Gottes gewährt wird oder nachdem man sich unter großer Mühsal darum verdient gemacht hat. Sie stellt vielmehr eher eine nie versiegende, allzeit verfügbare Emanation aus dem ÜBERSELBST jeder Person dar, an der indes jeder von uns selbst teilnehmen muß. Falls sie gelegentlich im speziellen Interesse einer Person einzugreifen scheint, ist dies ein Schein, der auf die ungeheure Klugheit zurückzuführen ist, die zum richtigen Zeitpunkt ein besonders gutes Karma freisetzt.

Im ÜBERSELBST finden wir den höchsten und absoluten Wert, denn es übersteigt die Ebene der Ideenbildung selbst. Das ÜBERSELBST kann sich zwar nicht vom kosmischen Karma trennen, ist aber nicht der Wirkung personaler Kausalität unterworfen, weil es nicht der Persönlichkeit, dem Wechsel und der Relativität unterliegt; es steht vielmehr jenseits der Grenzen dieser in ihm auftauchenden Ideen. Wenn wir das Wesen der höchsten und letzten Wirklichkeit zu untersuchen beginnen, werden wir erfahren, warum das so ist. Daher kann persönliches Karma in einer so absoluten Sphäre nicht wirken, gleich wie streng und unbeugsam es in der räumlichen und zeitlichen Welt relativer Existenz wirkt. In dieser Tatsache, daß es personale Kausalität nicht im tiefsten Sinne des Wortes Existenz gibt, liegt eine große Hoffnung für die Menschheit. Denn sie macht es möglich, diesen völlig neuen und überraschenden Faktor der GNADE in das von Wechselfällen geprägte menschliche Leben einzuführen. Er gleicht einem Rettungsring, an dem sich verzweifelte sterbliche Menschen festklammern können. Dem schlimmsten Sünder mag das zuteil werden, was er nicht verdient hat, wenn er ernsthaft bereut, Schadenersatz leistet, wo immer er kann, und das Gesicht in erhabenem Vertrauen abwendet. Gleich, was sein vergangenes Leben gewesen sein mag, wenn es ihm aufgrund gewandelten Denkens und Handlens gelingt, sich in dieser höheren Region Gehör zu verschaffen, ist es allzeit möglich, daß das Geschenk der GNADE herabsteigen wird.

Ist Vergebung eine unmögliche Aufhebung des karmischen Gesetzes? Gibt es keinen Ausweg daraus, daß eine karmische Folge zur nächsten führt und immer weiter, in einer endlosen und hoffnungslosen Reihe? Jesus gab, so meine ich, eine Antwort auf die erste Frage und Äschylus eine auf die zweite. »Darum sage ich euch: Alle Sünde und Lästerung wird den Menschen vergeben« (Matt. 12,31) lautete Jesu unmißverständlicher Ausspruch. Was die Lösung des schwierigen, in der zweiten Frage aufgeworfenen Problems betrifft, schlägt Äschylus vor: »Nur in Gedanken an Zeus, was immer Zeus sein mag.« Karma muß automatisch wirken, aber die KRAFT hinter dem Karma kennt alle Dinge, hat Gewalt über alle Dinge, sogar über das Karma selbst, sie weiß und versteht, wann Vergebung wünschenswert ist. Kein menschlicher Geist vermag diese KRAFT auszuloten; daher hängt Äschylus den qualifizierender Nebensatz »was immer Zeus sein mag« an. Vergebung zerstört das Karmagesetz nicht; sie ergänzt das Werk dieses Gesetzes. »Jeder von uns Sterblichen braucht

Vergebung. Wir leben nicht, wie wir wollen, sondern wie wir können«, heißt es bei dem fast 400 Jahre vor Jesu wirkenden Menander.

Intuition – Bergson nannte sie den »sichersten Weg zur Wahrheit« – merzt alles Zögern aus. Sobald man bei der Ausarbeitung eines Problems mit dem ÜBERSELBST in Berührung steht, erhält man einen direkten Befehl, was man tun solle, und weiß, es ist richtig. Dahin sind die Wolken, das Zögern und ewige Schwanken, zu denen es beim Kampf zwischen widersprüchlichen Gesichtspunkten kommt. Falls man aber nicht mit dem ÜBERSELBST in Verbindung steht, sondern nur vom Karma weitergetragen wird, pendelt man von einem Gefühl oder einer Meinung zur andern.

Es gibt einige Fragen zur Idee von der GNADE. Christen und Hindus akzeptieren sie, Buddhisten und Jains leugnen sie. Indes machen sich selbst jene, die sie billigen, falsche und widersprüchliche Vorstellungen von ihr. Im weiteren und allgemeinen Sinn könnte sie als ein mildtätiger Wandel definiert werden, der nicht von der Willenskraft der Person, sondern eher durch eine Kraft bewirkt wird, die meistens und normalerweise nicht ihre eigene ist. Da wir aber Rückstände früherer Inkarnationen in der Form von Karma mit uns tragen, sind die meisten nicht in der Lage zu unterscheiden, ob ein Ereignis nun das Ergebnis des Karmas oder der GNADE ist. Dennoch sind sie manchmal dazu imstande, z. B., wenn sie bei Tagesanbruch oder gar mitten in der Nacht aufwachen, ihnen dabei eine Schwierigkeit, eine bestimmte Situation oder ein bestimmtes Problem einfällt, sie gleichzeitig aber auch der unmittelbaren Nähe einer HÖHEREN KRAFT innewerden, und dieses Innewerden bewirkt, daß sie die Situation oder das Problem zu verstehen beginnen und der ganze daraus rührende Kummer, die ganze Rastlosigkeit, Angst oder Ungewißheit allmählich von ihnen abfällt. Wenn sie das Gefühl haben, daß die negativen Reaktionen verschwinden und ein gewisser innerer Friede an ihre Stelle rückt, und besonders wenn ihnen klar wird, worin die richtige Handlungsweise in einer Situation besteht, sind sie im Begriff, GNADE zu erleben.

Vordringlich ist zunächst einmal, daß ihr euch aufzurichten versucht, euch sowohl die Zeit nehmt, die ihr dazu braucht, als auch den nötigen Einsatz an den Tag legt. Daraufhin werdet ihr das Gefühl haben, daß euch eine andere Kraft unaufgefordert emporhebt – dies ist die Reaktion, GNADE.

Anrufen der Gnade

Glaube an die Wirklichkeit der Gnade und Hoffnung auf ihr Kommen sind hervorragend. Ihr sollt aber nicht Alibis für spirituelle Faulheit und moralische Verstöße daraus machen.

Tatsache ist, daß die Höhere Macht an alle Gnade verteilt, aber nicht alle imstande, willens oder bereit sind, sie zu empfangen; noch können alle sie erkennen, und deswegen gehen viele an ihr vorbei. Aus diesem Grund müssen sie zuerst an sich selbst arbeiten, als eine Vorbereitung.

Die Tatsache, daß Gnade ein nicht vorhersagbares Herabsteigen darstellt, bedeutet nicht, daß wir in dieser Sache vollkommen hilflos sind, daß wir gar nichts machen können. Wir können uns zumindest vorbereiten, um die Gnade auf uns zu ziehen und um richtig zu reagieren, wenn sie kommt. Selbst jetzt können wir unsere Herzen reinwaschen, unseren Verstand schulen, unseren Körper züchtigen und selbstlose Hilfsbereitschaft pflegen. Dann wird sich jeder Schrei, mit dem wir um Gnade flehen, durch diese Vorbereitungen untermauert und betont sehen.

Wenn es ein Gesetz gibt, das mit Gnade verbunden ist, dann dieses: So, wie wir dem Überselbst Liebe zeigen, so zeigt es uns Gnade. Aber diese Liebe muß so inbrünstig, so groß sein, daß wir ihr gerne unsere Zeit und Gedanken opfern, und zwar in einem Ausmaß, das beweist, wieviel sie uns bedeutet. Kurzum, wir müssen mehr geben, um mehr zu erhalten. Und Liebe ist die beste Sache, die wir geben können.

Wenn euch die Gnade des Überselbst nicht zur Hilfe kommt, sind eure ganzen Anstrengungen fruchtlos. Wenn ihr euch andererseits aber nicht anstrengt, besteht keine Wahrscheinlichkeit, daß die Gnade überhaupt kommt.

Gnade wirkt nicht einseitig. Sie besteht nicht darin, daß man, wie einige fälschlicherweise meinen, etwas umsonst bekommt. Nirgendwo gibt es etwas umsonst. Denn sobald Gottes Gnade zu wirken beginnt, beginnt sie auch jene unzuträglichen Eigenschaften zu vertreiben, die sie behindern. Diese werden freilich Widerstand leisten, aber wenn ihr den richtigen Standpunkt der Selbst-Überantwortung beziehet und bereit seid, sie fahren zu lassen, werden sie sich nicht lange dagegen wehren können. Wenn ihr euch aber an ihnen festklammert, weil sie ein Teil von euch oder »natürlich« zu sein scheinen, zieht die Gnade sich entweder zurück oder sie führt euch in äußere Umstände und Situationen, die die Hindernisse gewaltsam und infolgedessen auf schmerzliche Weise aus dem Weg schaffen.

Wenn euch unwiderruflich klar wird, daß ihr die heilige Pflicht habt, euch selbst zu verbessern, aber zu unzulänglich und zu schwach dazu seid, kommt ihr zu dem logischen Schluß, daß ihr der versöhnenden und verwandelnden Kraft der GNADE bedürft. Dann seid ihr psychologisch bereit, sie auf euch zu ziehen. Ihr könnt die GNADE nicht überreden, sondern nur anrufen und auf sie warten.

Die Vorstellung, man könne die eigenen Schwächen und Unzulänglichkeiten allein überwinden, ohne Hilfe, läßt keinen Platz für GNADE. Es wäre besser, einen ausgewogeneren Ansatz zu finden. Bei euren ganzen Bemühungen müßt ihr lernen, daß sie selbst nicht alles bringen können, wonach ihr trachtet. Der erste Schritt, um Gnade anzulocken besteht darin, daß ihr in euren Gebeten Demut bekundet und eure Schwächen eingesteht.

GNADE, aus einer Quelle, die euch gänzlich übersteigt, ist die letzte Antwort auf alle eure Fragen, das letzte alle eure Probleme zersetzende Mittel, wenn euer Intellekt vor den einen versagt und eure Taktik mit den anderen nicht fertig wird. Der erste gebetartige Schrei um die Gabe der GNADE muß darin bestehen, daß ihr die heillose Verwirrung und Aufruhr in eurem Innern zum Schweigen bringt. Das Ego muß seine eigene natürliche Unzuverlässigkeit erkennen, innehalten und seinem ständigen Tätigsein in passiver Meditation Einhalt gebieten.

Jene, die das ÜBERSELBST um seinen größten Segen anflehen, um seine Gnade, sollten sich fragen, was sie dem ÜBERSELBST zu geben bereit sind – wieviel Zeit, Liebe, Selbstaufopferung und Selbstdisziplin.

Zu den Bedingungen, die GNADE möglich machen, zählt zweierlei: erstens ein einfacheres Leben als das der modernen, den Dingen verhafteten Gesellschaft und zweitens ehrfurchtsvolle Zwiesprache mit der NATUR.

Zweierlei ist vonnöten, bevor sich die GNADE in euch offenbaren wird: die Fähigkeit, sie zu empfangen, und die Fähigkeit, mit ihr zusammenzuarbeiten. Für das erste müßt ihr das Ego demütig machen; für das zweite müßt ihr es reinwaschen.

Eure Aufgabe besteht darin, einen Weg zu öffnen, Hindernisse auszuräumen, Konzentration zu entwickeln, damit die Gnade des ÜBERSELBST euch zu erreichen vermag. Die Einheit beider Tätigkeiten erzeugt das Ergebnis.

❦

Wenn alle eure Anstrengungen der eigenen Verbesserung gelten, wird der Kreis eures Denkens klein und beschränkt sein. Bagatellen werden in euren Augen überwichtig und Belangloses bedeutungsvoll. Es ist vonnöten, die eine Einstellung durch die andere – durch Überantwortung und Vertrauen auf die Macht der GNADE – auszugleichen.

❦

GNADE ist gänzlich die Wirkung des ÜBERSELBST, aber der Mensch kann sie hervorlocken helfen, durch seine Sehnsucht und Gebete, dadurch, daß er seinen Blick oft von seiner kleinen Person abwendet und ihn auf dieses größere Selbst heftet. Daher wird jeder aufrichtige und anhaltende Schrei, der während einer Krise in die scheinbare Leere dringt, vom ÜBERSELBST erhört. Indes muß er in dem Sinne aufrichtig sein, daß er ebenso durch die Taten wie durch die Gedanken eines Menschen zum Ausdruck kommt. Und er muß in dem Sinne anhaltend sein, daß er ein fortdauerndes Streben und nicht bloß die Laune einer Stunde darstellt. Wer die Höhere Macht aufrichtig anruft, ruft sie nicht vergeblich an, wiewohl ihre Antwort eine unerwartete Gestalt annehmen kann. Manchmal mag ihm diese nicht sofort gefallen, manchmal mag sie seine Hoffnungen weit übersteigen, aber sie wird immer eher seinen wirklichen als seinen vermeintlichen Vorteil im Auge haben.

Wenn ihr GNADE wollt, müßt ihr etwas tun, um sie zu erwerben, müßt ihr z.B. dafür sorgen, daß ihr nicht soviel Zeit mit trivialen oder sogar schädlichen (weil negativen) Klatschereien und Beschäftigungen verschwendet; müßt ihr euch charakterlich läutern, die Offenbarungen der Weisen studieren, über den Lauf eures Lebens nachsinnen, das Ruhigstellen von Gedanken und emotionale Selbstbeherrschung üben.

Jene, die nach GNADE trachten, sollten etwas tun, um sie zu verdienen. Laßt sie anderen, die sie verletzt haben, vergeben; laßt sie Barmherzigkeit üben gegen alle, über die sie Macht haben oder die ihre Hilfe brauchen; laßt sie aufhören, unschuldige Tiere zu schlachten. Dies wird wirklich so sein, als ob sie selbst Gnade gewähren würden. Sie können erwarten, daß das, was sie anderen schenken, ihnen selbst zuteil werden wird.

Gnade bietet sich allzeit an, auf eine allgemeine Weise, nur sehen wir das Angebot nicht; wir sind blind und gehen daran vorbei. Wie können wir diese Blindheit rückgängig machen und sehen lernen? Indem wir die angemessenen Bedingungen schaffen. Merkt euch eine tägliche, anfangs freilich kurze Pause vor, in der ihr euch zurückzieht von der routinemäßigen nach außen gekehrten Lebensweise. Benutzt diese Pause, um nach innen zu kehren, um zu meditieren. Verlaßt die Welt einige Minuten lang!

Alle, die die Gnade des Überselbst anrufen, sollten darauf aufmerksam gemacht werden, daß sie auch um eine langwierige Vorbereitungszeit mühseliger Selbstverbesserung und schmerzhafter Selbstläuterung bitten, die notwendig ist, um diese Gnade anzuziehen.

Es stimmt, Gnade ist etwas, das aus einer höheren und anderen Quelle außer euch geschenkt werden muß. Es stimmt aber auch, daß gewisse Anstrengungen, die ihr macht, dieses Geschenk früher anlocken, als es euch sonst zuteil geworden wäre. Zu diesen Anstrengungen zählen ständiges Beten und regelmäßiges Fasten.

GNADE kann ein Reifen des Karmas oder eine Erwiderung auf ein direktes Bittgesuch an eine Höhere Macht darstellen oder durch die Bittgesuche eines Heiligen kommen. Glaube an diese MACHT wird mit GNADE belohnt. Wenn das Bittgesuch fehlschlägt, muß das schlechte Karma zu stark sein. Materialisten stellen keine derartigen Bittgesuche, werden der GNADE also nur teilhaftig, wenn die Anhäufung guter Taten gutes Karma bringt.

Straferlaß für vergangene Fehler ist erst möglich, wenn wir die Fehler selbst fahren lassen. Wie? Indem wir uns ihre Lektionen voll und aufrichtig zu Herzen nehmen.

Kummer über eine falsche Lebensweise, der feste Entschluß, sie aufzugeben, und die Bereitschaft, endgültige Änderungen durchzusetzen, stellen Vorraussetzungen zur Sicherung der GNADE dar.

In der Beichte ist eine nützliche Übung zu sehen, vorausgesetzt sie stellt die ernsthafte, ehrliche Erkenntnis dar, daß gewisse, in der Vergangenheit liegende Handlungen falsch waren, ob sie nun lediglich unklug oder durch und durch niederträchtig waren; daß man sich ihrer niemals hätte schuldig machen sollen; und daß man, sollte man sich ähnlichen Situationen gegenübergestellt sehen, sein äußerstes versuchen wird, anders zu handeln. Reue, Buße und der Wunsch, Schadenersatz zu leisten – diese emotionalen Gefühlsregungen sollten mit der intellektuellen Erkenntnis einhergehen, wenn sie in der Zukunft nutzbar sein soll. Es gibt drei herkömmliche Beichtarten. Die erste, von gewissen Religionen vorgeschriebene Art erfordert die Anwesenheit eines geweihten Priesters. Sie ist vor allem für die Anhänger dieser Religionen nützlich, die es fertigbringen, sowohl an die Dogmen als auch an die Priester zu glauben. Aber die Beichte vor einem anderen hat, ob sie nun in einer religiösen Atmosphäre stattfindet oder nicht, nur dann einen Wert, wenn der spirituelle Status des anderen wirklich und nicht nur dem Anspruch oder dem Anschein nach höher ist als der des Sünders. Wenn dies gewährleistet ist, löst die Beichte die ganze aus geheimgehaltenen Sünden rührende nervöse Spannung auf. Die zweite Art ist bei einigen Sekten und Kulten verbreitet und braucht die Anwesenheit einer Gruppe. Auch sie eignet sich nur für Mitgläubige und ist nur sehr begrenzt nützlich. Sie verschafft zwar emotionale Erleichterung, artet aber nur allzu leicht in egoistischen Exhibitionismus aus. Sie ist zweifellos weitaus weniger wünschenswert als die erste Art. Die dritte Art findet in privater Abgeschiedenheit statt und ist auf das eigene Höhere Selbst gerichtet. Falls der Sünder sich inwendig geläutert fühlt und danach nicht mehr dazu neigt, rückfällig zu werden, mag er wissen, daß seine Beichte wirksam war und er die GNADE des ÜBERSELBST als

Reaktion auf seine Handlung auf sich gezogen hat. Es ist aber ein Fehler zu glauben, ein einziger Beichtakt sei alles, was vonnöten ist. Dies ist zwar nicht ausgeschlossen, aber in den meisten Fällen stellt eine solche Reaktion den Höhepunkt einer Reihe solcher Akte dar. Auch ist es ein Fehler zu glauben, eine Beichte hätte einen Wert, wenn das Ego des Sünders nicht zutiefst gedemütigt und dazu gezwungen wird, sowohl die eigene Dummheit und Unwürdigkeit als auch die Tatsache einzugestehen, daß es in seinem Kampf um Weisheit und Selbst-Beherrschung auf die Hilfe der Höheren Macht angewiesen ist.

Wenn ihr die Bedingungen ernsthafter Selbst-Vorbereitung zu erfüllen und Hilfsbereitschaft, Mitleid und Freundlichkeit zu üben versucht, wird die GNADE kommen und ihr Sinn zutage treten. Denn die Bedeutung der GNADE kommt der Liebe, der selbstlosen Liebe sehr nahe. Was ihr anderen gegeben habt, wird euch das Gesetz der Vergeltung zurückbringen.

Indem wir anderen, die uns Schaden zugefügt haben, verzeihen, bringen wir uns in die Lage, in der wir es verdienen, daß uns der Schaden, den wir angerichtet haben, verziehen wird.

Ihr braucht euch nicht zu sorgen, ob ihr jemals GNADE finden werdet, wenn ihr euch zu einem geeigneten Kanal für sie macht. Eure aufrichtigen Bestrebungen werden sie früher oder später verdienen. Dies stellt die beste Methode dar, ihr Inkrafttreten zu einem wahrscheinliches Geschehen zu machen.

Manchmal mögt ihr euch freilich in Schrecken versetzt sehen, aber ihr dürft niemals Verzweiflung daraus werden lassen. Dadurch fördert ihr das Kommen der Gnade.

Niemand sollte das Gebet verächtlich abtun. Wir unterschätzen die Kraft des ÜBERSELBST, wenn wir diese Behauptung verwerfen. Solange wir fehlerhaft sind, so lange mögen wir es nötg finden zu beten. Solange wir irgendeinen Mangel verspüren, so lange mögen wir beten müssen. Nur der Weise, der eingegliedert und wunschlos ist, braucht nicht zu beten, kann aber für andere auf seine eigene geheimnisvolle, nicht herkömmliche Art beten. Noch können wir sagen, es sei immer falsch, um physische Dinge zu bitten: manchmal mag es richtig sein. Aber ein Gebet, mit dem der Betende ein übernatürliches Wesen nur darum bittet, selbstverdientes Mißgeschick von sich abzuwenden, und um nicht mehr, kann kein anderes Ergebnis zeitigen als den seelischen Trost, den es dem Betenden spendet. An der karmischen Vergeltung, die er erleidet, wird es sicher nicht das geringste ändern. Es wird bloß leerer Schall sein, eine vergebliche Auflehnung gegen das Schicksal. Aber ein Gebet, das mit der reumütigen Anstrengung einhergeht, den Charakterfehler, der an der Wurzel des Mißgeschicks liegt, zu ändern, und das den konkreten Versuch ergänzt, Genugtuung zu leisten, wenn einem anderen Unrecht getan wurde, ist vielleicht nicht vergeblich. Reue und Wiedergutmachung sind die allerwichtigsten Faktoren, die ein Gebet erfolgreich machen können. Sie werden dann eine Kraft darstellen, die auf das persönliche Karma wirkt, weil sie neues und günstiges Karma einführen.

Aber der GOTT, zu dem wir beten, wohnt zuerst in unserem eigenen Herzen. Wenn unser Gebet ein Gefühl von Erleichterung oder Frieden in uns hinterläßt, haben wir wahrscheinlich richtig gebetet. Wenn die Last unserer Verwirrung oder Not aber so bedrückend ist wie zuvor, ist dies wahrscheinlich ein Zeichen, daß wir entweder wieder und immer wieder beten müssen oder falsch gebetet haben. Insofern ein Gebet unser Denken hinaushebt über unsere kleinlichen persönlichen Belange trägt es sicher zu unserem Fortschritt bei. Aber insofern es einen rein materialistischen oder durchwegs heuchlerischen Appell an eine antropomorphe Gottheit darstellt, den Betenden mit bestimmten materiellen Vorteilen zu überschütten, ist es weder unserer spirituellen noch unserer praktischen Fortentwicklung zuträglich. Die beste Art, gegen das Prinzip des Karmas aufzubegehren, wenn es schmerzlichen Tribut fordert, ist nicht zu beten, sondern anders zu denken. Je mehr wir unsere allgemeine Denkrichtung zum Besseren ändern können, um so besser wird unser äußeres Leben letzten Endes werden.

Unter GNADE ist die verborgene Macht zu verstehen, deren Wirkung Hand in Hand geht mit euren spirituellen Bestrebungen und eurem Kampf um Selbstdisziplin. Dies bedeutet freilich nicht, daß die GNADE ihr Werk fortsetzen wird, wenn ihr diese beiden Dinge aufgebt. Sie kann es fortsetzen, aber in den meisten Fällen wird sie es abbrechen.

4

MIT DEM KARMA ARBEITEN

Die Menschen stöhnen über ihre unglückliche Vergangenheit und ächzen, weil sie sie nicht ungeschehen machen können; aber sie versäumen es, ihre unglückliche Zukunft, an der sie jetzt mit so großem Eifer basteln, ungeschehen zu machen.

Aus karmisch-langfristiger Sicht schafft sich jeder von uns seine eigene Welt und Atmosphäre. Infolgedessen haben wir unser Wohlbefinden oder Elend nur uns selbst zu verdanken. Auch darf folgendes nicht vergessen werden: Der gegenwärtige richtige oder falsche Gebrauch unseres freien Willen entscheidet unmittelbar jetzt über die Bedingungen und äußeren Umstände zukünftiger Leben.

Wenn die Lehre, daß wir unausweichlich die Früchte unseres Handelns ernten, auf Annahme stößt, weil sie dem vernunftsmäßigen Bedürfnis nach Wissen und dem gefühlsmäßigen Bedürfnis nach Gerechtigkeit erschöpfend Genüge leistet; wenn diese Idee einen tiefempfundenen inneren Zwang auf uns ausübt und ein Maß an intellektueller Klarheit erreicht; wenn die ihr innewohnende Wahrheit als glaubwürdig erkannt und ihre Gerechtigkeit als tröstlich empfunden wird und wenn sie sich auf unsere Weltanschauung auszuwirken beginnt, beginnt sie nicht nur unser äußeres Leben zu beeinflussen, sondern kann nicht einmal mehr davon abgehalten werden.

Wo sie es nicht zu tun scheint, ist der Grund dafür immer, daß sie entweder nur oberflächlich und verbal angenommen wurde oder daß sich im unbewußten Charakter eingefleischte Selbstsucht und zügellose Leidenschaft geltend machen. Im ersten Fall ist die Lehre nur aus verfallenen Traditionen oder papageienhaftem Nachplappern bekannt, wie das im Osten so häufig geschieht. Aufgrund ihrer konventionell verstandenen Bedeutung ist sie niemals zu einer tiefgreifenden Überzeugung geworden und hat infolgedessen viel von ihrer ethisch erzieherischen Schärfe verloren. Im zweiten Fall unterliegt die Person den ungeahnten Einflüssen der Komplexe, die sie daran hindern, der Lehre volles Gewicht zu geben. Dies besagt, daß wir grundsätzlich dazu neigen, letzten Endes das zu tun, was wir denken und fühlen.

Sobald eine Gedankenreihe oder Tat stark genug ist, ist ihre karmische Folge so unabwendbar wie ein Bild auf einem belichteten Film. Wenn die karmische Kraft eine gewisse Wucht erlangt hat, läßt sich ihre Vorwärtsbewegung zwar nicht mehr aufhalten, aber vielleicht abschwächen. Deswegen ist es eine philosophische Maxime, unerwünschte Wucherungen im Keime zu ersticken, womit sich karmische Energien ausgelöscht sehen, bevor sie unwiderruflich entscheidend werden. Ein Gedanke, der nicht eine bestimmte Entwicklungsstufe und Stärke erlangt hat, wird keine karmischen Folgen nach sich ziehen. Dies veranschaulicht, wie wichtig es ist, falsche Gedankengänge zum Zeitpunkt ihres Entstehens auszumerzen. Eine schlechte Neigung in sich selbst oder eine schlechte Bewegung in einem Land zu bekämpfen bedeutet, ihr in den Anfangsstadien Einhalt zu bieten, bevor sie wirklich in Schwung gekommen ist. Denn es ist leichter, ihr am Anfang das Wasser abzugraben, wenn sie noch relativ schwach ist, als später, wenn sie relativ stark ist.

Wenn wir mit ungünstigen äußeren Umständen fertigwerden müssen, ist das kein Grund zur Trübsal. Ganz im Gegenteil, sie stellen eine Herausforderung dar. Die Frage ist, was wir aus ihnen machen können. Dabei ist dreierlei möglich: Verfall, Stagnation oder Entwicklung. Wenn wir uns lange genug mit diesen Ideen auseinandergesetzt haben und sie gewöhnt sind, wenn wir sie neu gestaltet haben als das Produkt unserer eigenen Überlegungen und der Schlüsse, zu denen wir aus eigener Erfahrung gekommen sind, werden wir imstande sein, den Herausforderungen des Schicksals und den Veränderungen des Glücks mit bisher unbekannter Kraft und Klugheit gegenüberzutreten.

Es ist eine nützliche Übung für dich, herauszufinden, wo genau die eigene Verantwortung für deine Schwierigkeiten und Sorgen anfängt, d.h., zwischen dem zu unterscheiden, was in Wirklichkeit eine äußere Projektion deiner inneren Unzulänglichkeiten ist, und dem, was dir ein nicht nachvollziehbares Geschick oder eine schreckliche Umgebung aufbürdet.

Die abendliche Übung der Pythagoreer, sich mit Fragen wie »Was habe ich falsch gemacht?« und »Welche Pflicht habe ich versäumt?« selbst ins Verhör zu nehmen, war ein ebenso ausgezeichnetes Mittel gegen schlechtes, gerade entstehendes Karma, wie ihre andere Übung, nichts zu sagen und nicht zu handeln, solange sie unter dem Einfluß heftiger Gefühlsausbrüche standen.

Das Karma ist ein Teil von euch und ihr könnt ihm nicht entrinnen. Aber genauso wie ihr euch bis zu einem gewissen Grade ändern könnt, kann es im Karma zu einer entsprechenden echoartigen Wirkung kommen.

Erst wenn ihr imstande seid, das eigene Schicksal unpersönlich und ohne Murren zu beurteilen, könnt ihr die Fähigkeit entwickeln, das Geheimnis eures Geschicks zu verstehen und warum es eher diesen und nicht einen anderen Lauf genommen hat.

Karma ist das genaue Ergebnis eures Denkens und Handelns. Eure Reaktion auf Ereignisse und Situationen ergibt sich genau aus dem, was ihr seid, aus eurer Entwicklungsstufe. Deshalb können kleinere Reaktionen und folglich bessere Erfolge nur kommen, wenn ihr euren Entwicklungsstand erhöht.

※

Wohin ihr auch geht, ihr tragt eure Denkweise, euer Herz und euren Charakter immer mit euch herum. Sie sind die eigentlichen Urheber eurer Schwierigkeiten. Keine äußere Sache wird diese Schwierigkeiten ändern, solange ihr euer seelisches Leben, d.h. euch selbst, nicht zu ändern beginnt.

※

Ihr wollt, daß die Entfaltung eures äußeren Lebens mit euren eigenen Vorstellungen übereinstimmt. Wenn ihr aber eure innere Harmonie mit GOTT nicht gefunden habt, wird sie es trotz aller eurer Bemühungen niemals tun.

※

Alle magischen Vorkehrungen, Einflüsse von Edelsteinen usw. verstärken oder schwächen die Wirkung anderer Einflüsse (karmische, umweltbedingte und persönliche); sie stehen nicht allein da. In dieser Richtung kann man noch mehr tun, dadurch, daß man die vorherrschende Denkweise ändert und insbesondere dadurch, daß man negative, schädliche und zersetzende Gedanken nicht aufkommen läßt und gleichzeitig um Lenkung betet.

Eure Bemühungen, die Auswirkungen schlechten Karmas (Vergeltung) zu schmälern, müssen, wo ihr eine davon auch nur irgendwie auf Ursachen zurückführen könnt, die ihr im gegenwärtigen Leben in Gang gesetzt habt, Reue für das Unrecht, das ihr anderen, und Reue für den Schaden, den ihr euch selbst zugefügt habt, beinhalten. Falls sich das Gefühl der Reue zuerst nicht spontan einstellt, steigt es vielleicht nach einigen Versuchen, euer falsches Handeln von einem unpersönlichen Standpunkt aus zu betrachten, auf. Wenn ihr unablässig und richtig über die gröbsten Sünden und Irrtümer eurer Vergangenheit nachdenkt und das Bild eures tatsächlichen Verhaltens mit dem vergleicht, wie ihr euch hättet verhalten sollen, mag euch allmählich ein Gefühl unsäglichen Schmerzes und Bedauerns überkommen, dessen Stärke zur Läuterung eures Charakters und Verbesserung eures Verhaltens beiträgt. Darüber hinaus besteht die Wahrscheinlichkeit, daß die Gnade des ÜBERSELBST das aufgezeichnete schlechte Karma, das ihr in Zukunft werdet ertragen müssen, auslöscht oder zumindest abschwächt, aber nur, wenn ihr durch häufiges und unparteiisches Rückschauhalten die Lehren aus vergangenem falschen Verhalten gezogen habt.

Beneide nicht jene, die Glück haben. Die Götter haben ihnen ein Stück gutes Karma zugeteilt, aber sobald es erschöpft ist, werden sie sich vieler Dinge beraubt sehen, außer ihres inwendigen spirituellen Eigentums.

Karma bedeutet nicht, daß jemand, der im Elendsviertel auf die Welt gekommen ist, dort bleiben muß, bis er stirbt. Es bringt ihn dorthin, das ist wahr; aber es ist seine Sache, ihm kraft persönlicher und auf die eigene Intelligenz bauender Anstrengungen zu entrinnen. Freilich stimmt es, daß er nicht alles tun kann, was er will, denn er muß mit dem existierenden Material beginnen und sich von dort aus entwickeln. »Kein General kann Glück haben, außer er ist mutig«, meinte der General Sir Archibald Wavell. Auf dem Schlachtfeld des Lebens ist es nicht anders. Wenn wir es als Sieger verlassen wollen, müssen wir bereit sein, das eine oder andere Risiko einzugehen.

Hat sich ein Mensch das Gesetz von den Folgen erst einmal wirklich zu Herzen genommen, wird er einen anderen nicht willentlich oder wissentlich verletzen; und das in erster Linie deswegen, weil er sich selbst nicht wird verletzen wollen.

Es obliegt uns, nicht nur die Folgen einer Handlung, sondern auch die Folgen einer Einstellung oder Ansicht vorauszusehen.

Wenn ihr einem anderen Menschen grollt oder merkt, daß ihr euch über ihn ärgert oder ihn in eurer Wut zu hassen beginnt, folgt Jesu Rat, und laßt die Sonne nicht über eurem Zorn untergehen. Das bedeutet erstens, daß ihr im anderen jemanden sehen müßt, der das Ergebnis seiner ganzen langen Erfahrung und persönlichen Auffassung über das Leben zum Ausdruck bringt und infolgedessen das Opfer seiner eigenen Vergangenheit ist. Er handelt nur deswegen nicht besser, weil er es nicht besser weiß. Zweitens müßt ihr euch klarmachen, daß jedes Unrecht, gleich welches, automatisch der Strafe der karmischen Vergeltung unterliegt. Es ist also nicht eure Sache, den anderen zu verdammen oder zu strafen, sondern euch zurückzuhalten und das Gesetz des Karmas sich um ihn kümmern zu lassen. Ihr sollt nur verstehen und nicht schuldig sprechen, d.h., ihr müßt lernen, die Menschen so zu nehmen, wie sie sind: unverdammt. Auf jeden Fall solltet ihr versuchen, ihnen weder emotional zu grollen, noch die leiseste Spur von persönlicher Feindseligkeit gegen sie zu bekunden. Ihr müßt das eigene Bewußtsein über der Schlechtigkeit, dem Unrecht, den Schwächen oder Fehlern des andern halten und sie nicht in es eindringen lassen – was sie tun werden, wenn ihr zulaßt, daß sie euer niedriges Selbst zu negativen Reaktionen verleiten. Ihr solltet sofort und unentwegt bemüht sein, solche Unkräuter in eurem emotionalen Leben samt der Wurzel herauszureißen. Allerdings läßt sich das nicht dadurch bewerkstelligen, daß ihr die Augen vor den Fehlern, Schwächen und falschen Handlungen anderer verschließt, noch dadurch, daß ihr besondere Anstrengungen unternehmt, mit lästigen Menschen Kontakt zu pflegen.

Einige gut meinende Moralisten, die sagen, der Schüler solle nicht mehr nach dem Schlechten in den anderen suchen, verfallen in das andere Extrem und sagen, wir sollten nur nach dem Guten suchen. Die Philosophie befürwortet zwar weder den einen noch den anderen Standpunkt, weist aber darauf hin, daß es nicht unsere Sache ist, ein Urteil über jene zu fällen, die schwächer sind als wir, und schon gar nicht, sie zu verurteilen. Außerdem würde sich, so stellt sie fest, wenn wir nur nach dem Guten in anderen suchten, ein falsches Bild von ihnen ergeben, denn ein richtiges muß die hellen und die dunklen Seiten aufzeigen. Daher zieht sie es vor, sie geistig in Ruhe zu lassen und nicht irgendwie zu bewerten; sie zieht es vor, sich um ihre eigenen Angelegenheiten zu kümmern und sie dem unfehlbaren Urteil ihres eigenen Karmas zu überlassen. Die einzige Ausnahme von dieser Regel besteht dort, wo ihr gezwungen seid, euch mit einem anderen Menschen zu befassen und ihr notgedrungen den Charakter der Person, mit der ihr zu tun habt, verstehen müßt; aber selbst dieses Verständnis muß fair sein, gerecht, einer ruhigen, unparteeischen und objektiven Haltung entspringen. Vor allem darf es nicht persönliche Emotionen oder egoistische Reaktionen auslösen. Kurzum: Ihr müßt absolut unpersönlich sein. Aber eine solche Ausnahme wird der Schüler selten machen müssen. Ihr solltet es unterlassen, den Fehlern und Unzulänglichkeiten anderer Aufmerksamkeit zu schenken und sie ihnen auf keinen Fall jemals zum Vorwurf machen. Euer kritischer Blick sollte sich nur auf euch selbst richten – außer es bitten euch andere ausdrücklich darum, sie zu prüfen – und der eigenen Berichtigung, Aufklärung und Verbesserung gelten.

Wir brauchen keine Bedenken haben, anderen zu helfen, weil wir befürchten, daß wir uns in ihr Karma einmischen. Es stimmt, unsere Sympathie muß sich von der Vernunft lenken lassen, und wenn damit zu rechnen ist, daß unsere Hilfe den, dem sie nutzen soll, weiter in falsche Handlungen oder Irrtümer verstrickt, mag es besser sein, davon Abstand zu nehmen. Seine Sünden hinzunehmen und ihn in seinem törichten Verhalten zu bestärken ist nicht Großherzigkeit. Indes kann es dem Gesetz des Karmas unbedenklich überlassen werden, für seine eigenen Wirkungsweisen zu sorgen. Es ist in der Tat sogar möglich, daß es uns als einen Kanal zu benutzen trachtet, um diese spezielle schmerzliche Episode zu mildern oder zu Ende zu bringen. Sich zu weigern, die Schmerzen anderer, ob eines Menschen oder Tiers, zu lindern, weil es eine Einmischung in ihr Karma darstellt, bedeutet, daß wir unser Verständnis vom Gesetz des Karmas falsch anwenden.

Wir glauben zwar, daß der Zweck des Karmas am Ende darin besteht, manchmal annähernde, manchmal angemessene Gerechtigkeit zu bewirken, aber deswegen dürfen wir aggressivem Unrecht nicht tatenlos zusehen und passiv auf die Wirkung des Karmagesetzes bauen. Denn das Karma kommt nicht ohne Werkzeuge aus und seine Auswirkungen fallen nicht wie ein Wunder vom Himmel. Daher dürfen wir, falls wir dazu aufgefordert werden, mit dem von ihm verfolgten erzieherischen Zweck zusammenzuarbeiten, nicht davor zurückschrecken, an seinen intuitiv erfaßten Wirkungen mitzuarbeiten und jene Ursachen in Gang zu setzen, durch die seine Reaktionen erzeugt werden mögen.

Wir behaupten zwar, daß das Karma der verborgene Herrscher über das Glück oder Unglück des Menschen ist und die Gewalt nicht deren letzter Richter sein kann, sind deswegen aber nicht notwendigerweise der Meinung, Gewalt solle zugunsten einer Ethik der Gewaltlosigkeit aufgeben werden ... Der Weise akzeptiert die mystische Lehre von der Gewaltlosigkeit aus verschiedenen philosophischen

Gründen nicht. Sein praktischer Hauptgrund besteht jedoch darin, daß er den, der Unrecht tut, nicht in seinem Unrecht bestärken will und ihm weder den Weg zu ebnen gedenkt, was nur Schlechtes heraufbeschwören würde, noch daran interessiert ist, dessen Partei zu ergreifen. Sich lammfromm dem Willen eines Angreifers zu unterwerfen, überzeugt den Angreifenden, daß sich seine Methoden bezahlt machen, während fest entschlossener Widerstand sein ihn zugrunderichtendes Verhalten behindert, Zweifel bei ihm aufkommen läßt und im Falle seiner Bestrafung sogar als Quelle der Belehrung dient.

Die verheerendste Art von körperlichem Karma wird durch Mord geschaffen. In diesem Falle ist die Strafe unvermeidlich, mag sie sich noch so sehr verzögern. Der Mörder wird selbst ermordet werden, wenn auch nicht notwendigerwiese in derselben Inkarnation. Die verheerendste Art von geistigem Karma wird durch Haß geschaffen. Wenn er intensiv genug und anhaltend ist, kommt es zu destruktiven Krankheiten, die das Fleisch zerfressen.

Strafe für ein Verbrechen ohne gleichzeitige moralische Erziehung stellt eine grobe und unwirksame Brutalität dar. Besonders Gefängnisstrafe sollte im Rahmen einer ethischen und die Lehre vom Karma beinhaltenden Unterweisung verhängt werden. Ohne diesen Rahmen ist ihre abschreckende Wirkung nicht genug, um sie zu mehr als einem halben Erfolg oder einem halben Mißerfolg zu machen.

Kämpft gegen leidbringende Tendenzen

Jetzt stellen sich die unbezahlten Fehler und Schulden aus früheren Leben ein und quälen uns. Wenn wir von ihnen erlöst werden wollen, müssen wir entweder von unseren Ego erlöst werden oder ein Übermaß an Gedanken und Handlungen aufbieten, die das genaue Gegenteil bewirken.

Wer von uns hat schon die Kraft, die Folgen seiner früheren Handlungen zu ändern? Wir mögen Schadenersatz leisten, Reue empfinden und Buße üben. Wir mögen ihnen gute Taten, das genau Gegenteil, entgegenstellen. Aber die Aufgabe des Karmas besteht darin, uns klar zu machen, daß wir für unser Tun verantwortlich sind und dieser Verantwortung nicht entrinnen können. Dennoch gibt es ein Maß an Freiheit, an schöpferischer Kraft, die freilich beide dem gottähnlichen Höheren Selbst gehören, das ein jeder von uns besitzt.

Was geschehen ist, ist geschehen, und wir können nichts daran ändern. Wir können die Vergangenheit nicht neu schreiben, können das, was wir falsch gemacht haben, nicht ausbessern, sind nicht imstande, das Unrecht, das wir begangen haben, und die schmerzliche Not, in die wir andere und uns selbst gestürzt haben, wiedergutzumachen. Aber wenn die Aufzeichnungen über die Vergangenheit sich nicht ändern lassen, so läßt sich doch unsere gegenwärtige Einstellung dazu ändern. Wir können aus der Vergangenheit lernen und sie mit Intelligenz anpacken, können versuchen, uns und unsere Handlungen zu verbessern, können neues und besseres Karma schaffen. Nachdem wir alle diese Dinge getan haben, können wir, und das ist das allerbeste, die Vergangenheit vollkommen fahren lassen und dadurch im ewigen Jetzt leben lernen, daß wir Zuflucht nehmen im wahren SEIN, dem Ich-bin-Bewußtsein, nicht dem Ich-War.

Wollt ihr euer Karma ändern, so beginnt, eure Gesinnung zu ändern: erstens gegen äußere Vorkommnisse, Menschen und Dinge; zweitens gegen euch selbst.

Die karmischen Auswirkungen einer schlechten Handlung lassen sich durch deren Gegenteil ausgleichen; und die niederträchtiger Gedanken oder verrohter Sprechweise dadurch, daß wir bewußt das

Gegenteil pflegen. Wenn einem Menschen etwas entwendet wurde, sollte ihm freiwillig etwas gegeben werden, das ihm genausoviel oder gar mehr bedeutet. Wenn es stimmt, daß wir unser schlechtes Karma nicht wegwünschen können, stimmt es auch, daß wir es mit gutem ausgleichen und so seine Auswirkungen aufwiegen können. Buddha, der einer der größten Verfechter der Karmalehre war, wies darauf hin, daß rechtes Denken und gute Taten aus karmischen Flüchen Segen machen könnten.

Ständiges Im-Auge-Behalten einer anhaltenden konzentrierten Idee übt sozusagen einen Druck von innen aus und mag euer physisches karmisches Schicksal langsam ändern. Karma ist ebensoviel Gedanke wie Handlung, dringendes Bedürfnis wie Tat. Das eine ist der Same, aus dessen Früchten das andere wird, und kann nicht davon getrennt werden. Die Wirkung des Karmas ist nur aufgrund dieser lautlosen geheimen Aufzeichnung im WELT-GEIST möglich, so wie die Tonrillen auf einer Schallplatte es uns möglich machen, die darauf aufgezeichneten Klänge zu hören.

Das, was uns auf eine gewisse Weise zu handeln zwingt, ist zum Teil der Druck der Umwelt und zum Teil die Einflüsterung der eigenen Vergangenheit. Manchmal ist das eine stärker, manchmal das andere.

Indes liegt die Wurzel des ganzen Problems in unserem Denken. Es richtig zu schulen befreit uns größtenteils vom Zwang beider.

Indem wir unser Gedankenleben beobachten, das, was schädlich ist, ausschließen, positive Ideen pflegen und ganz auf die höheren Gesetze bauen, leiten wir tatsächlich Vorgänge ein, die in unserem äußeren Leben früher oder später eine Verbesserung bewirken.

Wenn alle Gehäßigkeit und aller Neid resolut aus eurem Wesen verbannt sind, kommt das nicht nur euch zugute, weil es euch charakterlich verbessert und angenehmeres Karma bringt, sondern auch jenen, die unter euren stacheligen Worten oder häßlichen Gedanken gelitten hätten.

Je mehr euer Verhalten gegen andere von freundlichen Eigenschaften geprägt ist, um so mehr wird deren Verhalten gegen euch mindestens einige dieser Eigenschaften widerspiegeln. Je mehr ihr eure eigenen geistigen und moralischen Bedingungen verbessert, um so mehr wird diese Verbesserung in euren menschlichen Beziehungen nachhallen.

Das, was verzögert, daß euer dymanisches Denken in Veränderungen eurer Umwelt oder eures Charakters zum Ausdruck kommt, ist die schwere Last eures früheren Karmas. Aber sie verzögert nur; wenn ihr den Druck zielstrebiger Konzentration aufrechterhaltet, müssen eure Anstrengungen früher oder später fruchten.

Das Gesetz von den Folgen ist zwar unwandelbar und nicht willkürlich, aber durch die Einführung neuer Ursachen in Gestalt entgegengesetzter Gedanken und Taten mögen sich seine Auswirkungen gelegentlich abgeschwächt oder gar ausgelöscht sehen. Dies wiederum setzt einen drastischen Wandel voraus, sowohl in eurer Gesinnung als auch in eurer Lebensführung. Wir nennen einen solchen Wandel Reue.

Was ihr selbst heraufbeschwört habt, mag von selbst zu Ende kommen, vorausgesetzt ihr findet heraus, welche positive Eigenschaft ihr in eurer Haltung dagegen entfalten müßt, um die negativen auszuräumen.

Wir alle müssen die Folgen unserer vergangenen Taten ertragen. Daran ist nichts zu ändern. Aber es gibt natürlich gute und schlechte Taten. Bis zu einem gewissen Grad können wir jene Folgen aufwiegen, indem wir durch neue Taten Gegenkräfte ins Spiel bringen; aber inwieweit, das ist von Person zu Person verschieden. Menschen, die Erfahrung haben und stark sind, die tiefe Meditation zu üben vermögen und sich charakterlich in der Gewalt haben, können jene Folgen notwendigerweise sehr viel stärker beeinflussen als jene, denen sie abgehen.

Am Ausmaß dieses entgegenwirkenden Einflusses läßt sich ablesen, inwieweit ihr es ernst meint mit eurer Reue; mit eurer Weigerung, irgendwelche Ausreden von euch selbst anzunehmen; mit eurer Anstrengung, eure Denkweise zu ändern, und mit den praktischen Schritten, die ihr aus freien Stücken unternehmt, um das Unrecht, das ihr anderen einst angetan habt, wiedergutzumachen.

Es gibt Situationen, in denen es entweder vorsichtig oder klug ist, stoischen Gehorsam zu üben. Aber es gibt auch andere, in denen es vonnöten ist, gegen den Vorfall oder die Umwelt anzukämpfen.

Das gemischte Ergebnis, das bei der Gestaltung unserer Zukunft zustande kommt, rührt aus dem gemischten und widersprüchlichen Charakter der uns zur Gewohnheit gewordenen Gedankengänge, Gefühlsregungen und Wünsche. Daher mögen gerade unsere Ängste ihr Schärflein beim Zustandekommen unerwünschter Dinge beitragen. Hier liegt ein Vorteil positiver Bekräftigungen und klarer Entscheidungen in unserer Haltung gegenüber der Zukunft.

Karma löscht Freiheit nicht gänzlich aus, sondern beschränkt sie. Falls die derzeitigen Ergebnisse alter Ursachen Wände um euch errichten, könnt ihr neue Ursachen in Gang setzen und andere Ergebnisse erzielen, indem ihr euch charakterlich bessert und eure Intelligenz schärft.

Wenn in unserem Schicksal gewisse Übel geschrieben stehen und unsere Anstrengungen, sie zu vermeiden, fruchtlos sind, ist es gelegentlich dennoch möglich, sie durch besonnenes Verhalten zu verringern.

Ihr mögt alles tun, was ihr könnt, um eurem Geschick aus dem Weg zu gehen. In einzelnen Punkten kann euch das zwar gelingen, aber in anderen seid ihr machtlos. Ihr seid z.B. nicht imstande, eure Hautfarbe zu ändern. Aber die Art von Erlebnissen, die euch infolge dieser Farbe beschieden sind, hängt bis zu einem gewissen Grad von eurem Einfluß und

Charakter ab, während eure eigene emotionale Reaktion auf sie mit Sicherheit ganz und gar davon abhängig ist.

Es besteht kein Grund, pessimistisch zu werden, wenn eure Karriere auf unüberwindbare Hindernisse zu stoßen scheint und ihr allem Anschein nach in einer ausweglosen Situation steckt, die nichts als ein Gefühl großer Frustration in euch hervorruft. Zu solchen Zeiten gilt es, daran zu denken, daß das Karma seine eigenen Pläne auszuarbeiten beginnen mag und eine Neuorientierung eurer Tätigkeiten angezeigt ist. Ihr solltet alles tun, was in euren Kräften steht, um die für euch speziellen günstigen Gelegenheiten herbeizuführen, und so die Wartezeit verkürzen. Der reife Schüler paßt nicht in konventionelle Kategorien, und aus diesem Grunde müßt ihr euren eigenen neuen Weg gehen. Dies erfordet Mut, Glaube, Einfallsreichtum und die Fähigkeit, günstige karmische Gelegenheiten zu erkennen und aus ihnen das Beste zu machen.

Ihr dürft euer Gebet zu Recht damit schließen, daß ihr um Lenkung und manchmal um Vergebung bittet. Aber ein solches Gesuch ist nur gerechtfertigt, wenn es nicht ein Gesuch um Einmischung in euer Karma ist und nur wenn es nach dem Eingeständnis kommt, daß ihr Unrecht getan habt, nach der Erkenntnis, daß ihr persönlich unzulänglich seid, nach reumütiger Beichte und ernsthaften Anstrengungen, bußfertig Genugtuung zu leisten und sich moralisch zu bessern. Die ewigen Gesetze des Karmas werden ihre Wirkungen nicht einfach kostenlos einstellen und können ihre Integrität nicht verletzen. Sie sind unpersönlich und lassen sich nicht dazu überreden, irgend jemandem spezielle Vorrechte einzuräumen oder willkürliche Gefälligkeiten zu erweisen. So leicht und mühelos könnt ihr ihnen nicht entrinnen. Wenn ihr die schmerzlichen Folgen eurer Sünden vermeiden wollt, müßt ihr diese Gesetze anwenden, damit sie euch dabei helfen, und nicht versuchen, sie zu beleidigen. Ihr müßt eine Reihe von neuen Ursachen in Gang bringen, die neue und erfreulichere Folgen hervorbringen werden, die als ein Gegenmittel gegen die älteren wirken können.

Dieses Gebot, der Menschheit zu dienen, ist mit einem erfreulichen Geheimnis verknüpft. Eines Tages wird allen, die sich solchem Dienst opfern, unausweichlich ein boomerangartiger Lohn zuteil, wenn andere ihre Bereitschaft bekunden, sie zu unterstützen. Denn das Karma ist ein göttliches Gesetz, das uns das, was wir gegeben haben, wieder zurückbringt. Die Größe und Tiefe eures Dienstes werden die des Dienstes kennzeichnen, den euch die Menschheit erweisen wird. Nur seine Form wird anders sein, denn sie hängt sowohl von den äußeren Umständen als auch von euren eigenen unbewußten oder bewußten Wünschen ab. Er mag z.B. nur eine geistige oder emotionale Form annehmen. Die Moral davon ist, daß der kluge Altruist am Ende nichts durch seinen Altruismus verliert, während der Dumme aufgrund der karmischen Konsequenzen seiner Dummheit viel verlieren mag.

Dem Meister folgend, dem er niemals leibhaftig begegnet war, den er aber innerlich so gut kannte, stellte der heilige Paulus Mitgefühl über alle anderen Tugenden. Vertun nun die paar, die wahre Christen zu sein versuchen, lediglich ihre ganze Zeit, zumindest was diesen Punkt angeht? Das jedenfalls behaupten die Yogis, die alle Bemühungen, anderen zu helfen, abschaffen und sich nur auf die Selbst-Verwirklichung konzentrieren wollen. Aber weder Jesus noch Paulus waren bloß sentimentale Menschen. Sie wußten um die Macht des Mitgefühls, das Ego auszulöschen, und aus diesem Grunde war Mitgefühl ein Teil ihres Sittenkodex. Sie kannten noch einen weiteren Grund, warum wir Altruismus und Großmut üben sollten. Mit ihrer Hilfe können wir eine Heimsuchung schlechten Karmas vielleicht früher zu Ende bringen oder eine zweite, andernfalls unausweichliche gar zu verhindern.

Akzeptiert, erträgt und überwindet!

Jeder hat an der Last seines schlechten Karmas zu tragen. Welcher Art sie ist und wie schwer sie wiegt, ist wichtig, aber wichtiger ist, wie wir sie tragen.

Passives Verhalten gegenüber dem Gesetz der Vergeltung unterstützt die Philosophie zwar keinesfalls, aber sie macht nicht den Fehler anderer irreführender Denkrichtungen, die falsche Hoffnungen erwecken.

Bis zu einem gewissen Zeitpunkt liegt der Lauf des Geschicks eines Menschen in seiner Hand, ja sogar seiner Macht; aber von da an nicht mehr.

Es ist die Aufgabe der Klugheit, zu lernen, wann es Schwierigkeiten mit einer mutigen Offensive anzugreifen oder mit Geduld oder List zu umgehen gilt. Für alle Ereignisse gibt es einen richtigen Zeitpunkt. Wenn sie zu früh in die Wege geleitet werden, sind die Folgen ein Gemisch aus Gut und Böse, ganz als ob sie zu spät verursacht würden. Verfügen wir aber über die Geduld, auf den richtigen Augenblick zu warten, und über Klugheit, ihn zu erkennen, fallen die Ergebnisse gut aus, sehen sie sich von nichts getrübt. Sobald es zu einer passenden Verbindung von Faktoren kommt, beginnt das Karma mitzuspielen.

Es ist klug, sich in das Unvermeidliche zu schicken, aber zuerst müssen wir sicher sein, daß es das Unvermeidliche ist. Zu manchen Zeiten ist es klüger, wie ein gefangenes Tier gegen das Schicksal anzukämpfen, zu anderen ist es klüger, so still vor ihm zu sitzen wie eine schnurrende Katze am Kamin.

Sich mit äußeren Umständen abzufinden, sich anzupassen an die Umwelt, sich nicht aufzulehnen gegen das Unentrinnbare und das Unvermeidliche anzunehmen, so sehr es euch auch widerstrebt – das alles hat genauso seinen Platz wie der Einsatz des kämpferischen Willens.

Aus allen Kräften auf ein lohnenswertes Ziel hinzuarbeiten, es aber ohne Murren aufzugeben, wenn ein ungünstiges Geschick seine Verwirklichung vereitelt, ist nicht dasselbe, wie überhaupt nichts dafür zu tun, wie das Ziel ganz dem Schicksal zu überlassen. Vermeidbare Ursachen unseres Unglücks und unserer Schwierigkeiten in uns selbst auszumerzen, aber jene mit Verständnis zu ertragen, die unser menschliches Los sind, ist etwas völlig anderes, als jene Ursachen unangetastet zu lassen und ihre Auswirkungen blind als Schicksal hinzunehmen.

Falsche Versuche hindern uns, richtige helfen uns. Mit dem Schicksal zu hadern hilft uns nicht; was uns hilft, ist, es anzunehmen und zu verbessern.

Wenn ihr euch zu manchen Zeiten heftig gegen die Beschlüsse des Karmas wehrt, ist es auch richtig, daß ihr euch zu anderen Zeiten ergeben vor ihnen beugt. Denn wenn ihr nicht gelernt habt, die Dinge dann fahrenzulassen, wenn es weise ist, wird jede falsche Anstrengung, sich jenen Beschlüssen zu widersetzen, euch nur weitere und unnötige Schmerzen bringen. Ihr solltet nicht blind gegen sie ankämpfen. Zu wissen, welchen Weg ihr einschlagen sollt, ist etwas, das ihr selbst herausfinden müßt. Das kann euch kein Buch verraten, sondern nur eure von der Vernunft geprüfte Intuition oder eure von der Intuition geprüfte Vernunft.

Eine solch vernünftige Intuition darf aber nicht mit Pseudo-Intuition verwechselt werden, die ein bloßes Echo unserer emotionalen Komplexe, eingefleischten Vorurteile oder unseres Wunschdenkens ist. Bei ersterer handelt es sich um das authentische Geflüster eures eigenen ÜBERSELBST. Das zeitlose ÜBERSELBST hält die ganzen unzähligen Erinnerungen seiner mit ihm verbundenen Persönlichkeiten sozusagen in der Schwebe, so daß sie sind und auch nicht sind. Es will nur, was ihr während dieser aufeinanderfolgenden Leben karmisch verdient habt, was euch angemessen entschädigen wird für die Eigenschaften, die ihr durch eure Handlungen an den Tag gelegt habt. Und weil das ÜBERSELBST die Quelle dieses karmischen Ausgleichs ist, kann man sagen, daß jeder in Wirklichkeit sein eigener Richter ist. Im Grunde genommen ist – und das dürft ihr niemals vergessen – das ÜBERSELBST unser eigenes am Mittelpunkt gelegenes Selbst; es ist nicht etwas Fremdes oder von euch Entferntes.

Was nützt unser bewegtes Geschwätz von unserer Freiheit, das Leben zu gestalten, oder unser hochtönendes Gefasel von unserer Fähigkeit, das Glück zu schmieden? Damit führen wir uns nur selbst hinters Licht. Nichts rüttelt an der Tatsache, daß das Karma uns fest im Griff hat, die Vergangenheit uns auf Schritt und Tritt die Hände bindet und der kleine Freiraum, der uns bleibt, mit zunehmendem Alter immer kleiner wird. Laßt uns alles tun, was in unseren Kräften steht, um die Zukunft zu gestalten und die Vergangenheit wiedergutzumachen, aber laßt uns auch still werden und vieles, das gegen unseren Willen auf uns zukommen oder bei uns bleiben wird, mit nachdenklicher Ausdauer ertragen.

Ein so erleuchteter und qualifizierter Schicksalglaube braucht nicht zu einer Lähmung des Willens und Teilnahmslosigkeit des Gehirns führen. Er beklagt sich nachdrücklich nicht, daß wir nichts tun können, um unser Los zu bessern, noch beraubt er uns, was schlimmer wäre, gar der Sehnsucht, es ändern zu wollen. Nein – die Schicksalsergebenheit, die eine Lehre predigt, ist nicht weniger erleuchtet und qualifiziert als die Lehre selbst. In jenen, die nicht nur an sie glauben, sondern sie auch verstehen, ruft sie das Bedürfnis hervor, ein Gleichgewicht zwischen demütiger Ergebenheit und entschlossem Widerstand herzustellen, das Bedürfnis, alle Situationen richtig einzuschätzen, damit sie die wirklich unausweichlichen und die, an denen sie persönlich etwas ändern können, als das erkennen, was sie sind. Sie fügt sich GOTTES Willen, stellt deswegen aber nicht die Existenz des menschlichen in Abrede.

Falls es karmische Verpflichtungen zu erfüllen gilt, wird man diese Aufgabe zumindest nicht in vollkommener Unwissenheit anpacken. Man wird dabei eher Resignation als Haß an den Tag legen und die Hoffnung, etwas Höheres zu erreichen.

Wir mögen unsere Niederlagen mit bitterem Groll oder melancholischem Pessimismus hinnehmen. Beide Einstellungen sind völlig nutzlos. Es gibt einen dritten, besseren Weg – nämlich die Niederlage zum Ausgangspunkt für einen anderen Vorstoß zu machen. Das läßt sich erstens dadurch bewerkstelligen, daß wir uns freimütig und ohne zu murren selbst prüfen, um unsere Fehler zu entdecken und unser Unrecht zuzugeben, und zweitens dadurch, daß wir reumütig Schadenersatz leisten und den Weg freimachen für eine neue Anschauung.

Von Zeit zu Zeit bürdet euch das Karma Prüfungen und Schwierigkeiten auf, die zu ertragen keinesfalls erfreulich sind. Gleichviel haben sie euch etwas beizubringen – wenn auch nur die uralte Lektion der Notwendigkeit, ein zufriedenstellenderes inneres Leben zu finden als Ausgleich für die Vergänglichkeit und Wechselfälle des äußeren. Solange ihr auf dieser Erde lebt, könnt ihr ihnen nicht entrinnen, aber ihr könnt hoffen, sie zu verstehen und eure geistigen Reaktionen auf sie schließlich meistern. Darin liegt Friede und Weisheit.

Es gibt immer einen Teil unserer Person oder unseres Glücks, über den wir niemals Macht haben. Was wir auch tun, wir können ihn nicht ändern. Es ist also klüger, die Unausweichlichkeit dieses Zustands anzuerkennen, als zwecklos dagegen anzukämpfen, womit wir nur unsere Kräfte verschleißen. Manchmal mögen wir dann vielleicht sogar einen Vorteil daraus ziehen. Woran aber sollen wir erkennen, daß es diese Unausweichlichkeit, diese schicksalhafte Bestimmung gibt? Daran, daß wir trotz all unserer Anstrengungen, den Zustand zu ändern, scheitern.

Ihr mögt lernen müssen, euch auf das einzustellen, was nicht in eurer Gewalt liegt oder sich nicht ändern läßt. Dies ist »völlige Hingabe an den Willen GOTTES«, der wahre Name der Religion, die Mohammed der Welt gestiftet hat (Islam; arab.: Hingebung). Aber gewisse Dinge hinnehmen zu müssen und sich ihnen anzupassen bedeutet nicht, daß ihr sie billigt. Es heißt vielmehr, daß ihr zu murren aufhört und euch keine Sorgen mehr über sie macht.

Innerlich und äußerlich ist uns ein gewisser Schicksalsbogen vorgezeichnet, der sich erfüllen muß – das wissen wir aus Erfahrung. Alle unsere Anstrengungen, diesen Bogen zu überschreiten, müssen scheitern, und deshalb ist es klug, sich ergeben in seinen Grenzen zu bewegen. Wir sind gezwungen, ihm die Hauptrichtung zu überlassen, die unser geistiges und körperliches Leben einschlagen muß. Denn die Gedanken, die uns am meisten bewegen, und die Ereignisse, in die wir hauptsächlich verwickelt sein werden, sind bereits auf den Linien dieses Bogens eingekerbt. Trotzdem ist daran nichts Willkürliches, da die Gedanken und Ereignisse nicht nur miteinander verknüpft sind, sondern beide auch in Zusammenhang stehen mit einer inneren Geburt in der langen Reihe, aus der das menschliche Leben auf diesem Planeten besteht.

Selbst wenn ihr aufgrund einer intuitiven Warnung wißt, daß ein bevorstehendes Ereignis unabänderlich und unausweichlich ist, braucht euch die eigene Unfähigkeit, es abzuwenden, nicht daran zu hindern, daß ihr alles tut, um euch davor zu schützen und um so weniger darunter zu leiden, als ihr es sonst hättet müssen. Eine solche Warnung kann nur nützlich sein und rettet euch vor der Panik, in die andere aus Angst vor dem Unbekannten geraten mögen.

Wenn euer Leben so sein muß, wenn die Karten des Geschicks so fallen und die innere Stimme euch heißt, es anzunehmen, nachdem euch die äußere zu fruchtlosen Versuchen verleitet hat, es zu ändern, muß es einen bestimmten Grund für diesen Sachverhalt geben. Laßt euch doch danach suchen.

Zögert nicht, euer selbst-gemachtes Karma vorbehaltlos anzunehmen, ja, bittet dabei nicht einmal um Vergebung eurer Sünden, denn es stellt ein gerechtes Ergebnis dar. Betet statt dessen darum, daß euch gezeigt werde, wie ihr die Unzulänglichkeit, die die Ursache war, überwinden könnt!

Wenn ihr von der Annahme ausgeht, daß im Leid eine Botschaft steckt, die zu lernen ihr gezwungen seid, werdet ihr imstande sein, es eher mit Würde als mit Bitterkeit zu ertragen.

Wir müssen lernen, das, was das Geschick uns wegzunehmen entschlossen ist, fahren zu lassen, freiwillig aufzugeben. Eine so große Ergebenheit stellt die einzige Weise dar, auf die wir Frieden finden, und den einzigen wirksamen Weg, der zu dauerhaftem Glück führt. Wir müssen aufhören, unser individuelles Hab und Gut und unsere individuellen Beziehungen als etwas auf alle Zeit Gegebenes zu betrachten.

Es gibt Kräfte, die unser Schicksal vorherbestimmen, und wir müssen wissen, wann wir – wie Napoleon – durch Rückzug, d.h. durch Gehorsam gegen den Willen des Schicksals, gewinnen können. Im letzten Kapitel von *Die Philosophie der Wahrheit – tiefster Grund des Yoga* wird eine Kampftechnik erfahrener Boxer empfohlen, in der ein ausgezeichnetes Verteidigungprinzip gegen die unvermeidlichen Schläge eines schlechten Karmazyklus zu sehen ist. Eine zweite hilfreiche Veranschaulichung dieses Punktes ist Jiu-Jitsu, dessen Grundsatz auf folgendem beruht: Der Gegner wird besiegt, indem man ihm so geschickt ausweicht, daß er seine Kräfte gegen sich selbst einzusetzen gezwungen ist und entweder seine eigene Niederlage herbeiführt oder sich selbst die Muskeln verletzt. Schlechtes Karma, das nicht zu ändern ist, läßt sich also besiegen, indem wir ihm eine Weile nachgeben, aber letzten Endes soviel daraus lernen und so darauf reagieren, daß wir höher steigen als zuvor.

Habt ihr es überantwortet, getan, was ihr als menschliche Wesen tun könnt, um es zu lösen, die Ergebnisse vollkommen dem Höheren Selbst anheimgestellt, seine Lektionen immer wieder analysiert und sie euch wirklich zu Herzen genommen, dann ist das Problem nicht mehr euer eigenes. Ihr seid davon befreit, mental von seinem Karma erlöst, was immer die physische Situation sei. Jetzt wißt ihr, daß alles, gleich was, in bester Absicht geschehen wird.

Karmisch könnt ihr eine unangenehme Beziehung erst überwinden, wenn ihr euch von allen unfruchtbaren Gedanken und Handlungen befreit, die damit zusammenhängen. Entweder werdet ihr dann durch äußere karmische Kräfte erlöst, oder es wird euch inwendig gezeigt, wie ihr euch äußerlich selbst befreien könnt.

Aus einer bitteren, schmerzlichen Ehe mag doch noch eine gute werden oder eine zweite sich andernfalls als die glücklichere erweisen, aber nur, wenn die Ansichten der Betroffenen sich hinreichend verbessert haben und das damit zusammenhängende Karma beeinflussen.

Es ist nicht notwendig, daß ihr verheiratet bleibt, um eine karmische Schuld abzutragen, aber andererseits steht es euch auch nicht frei, in dieser Sache euren persönlichen Wünschen nachzugeben. Ihr irrt, wenn ihr meint, ihr müßtet bis ans Ende eures Lebens für eine solche Schuld bezahlen. Trotzdem muß sie beglichen werden, wenn euer inneres Leben und euer innerer Weg nicht auf Hindernisse stoßen soll. Darüber kann aber nur die Stimme des eigenen tieferen Gewissens bestimmen.

Nicht selten bringen die eigenartigen Umstände des Familienlebens zwei Seelen zusammen, deren karmische Beziehung nicht von Liebe, sondern von Feindseligkeit geprägt ist. Sie mögen z.B. als Bruder und

Schwester oder sogar als Mann und Frau zusammengebracht werden. Welche philosophische Haltung sollten sie im Umgang miteinander pflegen? Nehmen wir als konkretes Beispiel eine Ehe, in der die Partner nie einer Meinung sind oder sich gar ständig streiten. Ohne Vorurteil gegen solche praktischen Methoden wie Trennung und Scheidung – die man für durchaus notwendig halten mag – läßt sich dazu bemerken, daß der aufgeklärtere Partner im anderen zweierlei sehen sollte: ein Instrument, das die eigenen Fehler in aller Schärfe aufdeckt, und ein Labor, in dem er mit deren Behebung experimentieren kann. Falls z. B. die Ehefrau häufig in Zorn ausbricht oder ständig mit nörgelnden Beleidigungen um sich wirft, gilt es darauf zu achten, daß ihre Provokationen nicht den Zorn des Ehemannes, sondern im Gegenteil seine latente Selbstbeherrschung hervorrufen; ihr Mangel an Rücksichtnahme sollte nicht das gleiche, sondern umgekehrt noch mehr Rücksichtnahme bei ihm auslösen. Auf diese Weise läßt sich aus der durch ihr Betragen verschuldeten Situation eine günstige Gelegenheit machen, sich mit höheren Dingen zu befassen. Jeder häusliche Zank, gleich wie geringfügig, sollte den Ehemann in die Lage versetzen, etwas von den in ihm selbst steckenden göttlicheren Aspekten zu bekunden. Nochmals: Selbst wenn beide Ehepartner absolut nicht für einander geschaffen sind oder sich später werden trennen müssen, sollte der Aufgeklärtere sich das dadurch entstandene Unglück zunutze machen. Es sollte ihn in seinem Entschluß bestärken, sein Glück nicht von äußeren Dingen abhängig zu machen, sondern sich zunehmend auf jene innere Genugtuung zu stützen, die nur das geistig Beste abwirft. Darüber hinaus sollte ihm klar sein, daß er nur altes, durch eigene Impulsivität, Dummheit oder Leidenschaftlichkeit verschuldetes Karma wiedergutmacht.

Karma und die grosse Befreiung

Die Vorzüge der Erleuchtung lassen sich nur auf der Grundlage des Karmas rechtfertigen. »Mir wird gegeben, was mir zukommt und mein eigen ist« – nahm der Dichter intuitiv wahr.

Genauso wie wir die Welt aus der doppelten Warte unseres unmittelbaren und unseres höchsten und letzten Verständnisses von ihr betrachten müssen, so müssen wir die Erleuchtung auf eine doppelte Weise finden, durch unsere eigenen selbst-schöpferischen Bemühungen und durch Anziehen der GNADE.

Niemand ist ausgeschlossen von jener ersten Berührung der GNADE, die uns die SUCHE beginnen läßt. Alle mögen ihrer teilhaftig werden und am Ende werden sie es auch. Aber stoßen wir nicht überall auf eine Fülle von Beweisen, daß eine Person erst dann dafür bereit ist, wenn sie genug von der Welt erlebt hat, erst dann, wenn sie demütig innehält, weil sie oft genug bitter enttäuscht worden ist?

Eines Tages werden Suchende, die sich in ihrem Ringen um Selbst-Verbesserung ausschließlich auf die eigenen Anstrengungen verlassen, es notwendig finden, daß ihnen eine äußere Macht zu dem verhilft, was sie nicht ohne Hilfe bekommen können. Die Aufgabe, vor der sie stehen, ist etwas, das sie allein nur unzureichend oder nicht ganz zu erfüllen imstande sind. Früher oder später werden sie auf die Knie sinken und um GNADE flehen müssen. Das Ego vermag sich einfach nicht selbst zu retten. Warum? Weil es sich insgeheim dagegen sträubt, denn seine Rettung würde die eigene Vernichtung bedeuten. Eure ganzen Anstrengungen werden euch nur ein partielles Ergebnis bringen und niemals ein vollkommen zufriedenstellendes, außer ihr zwingt das Ego, nach GNADE zu trachten. Jene, die behaupten, die Idee von der GNADE verletze den Begriff universaler Gesetzmäßigkeit, untersuchen sie nicht tief genug. Denn dann würden sie im Gegenteil sehen, daß diese Idee das Gesetz von der Anstrengung des individuellen Geistes, an das sie ja glauben, erfüllt, indem sie es mit dem Gesetz von der Tätigkeit des UNIVERSALEN GEISTES im Individuum ergänzt, an die sie auch glauben sollten. GOTT läßt sich nicht von der Menschheit trennen. Letztere lebt nicht in einem Vakuum.

Zum Bewußtsein des ÜBERSELBST vorzudringen stellt ein Ereignis dar, das nur durch Gnade zustande kommt. Dennoch besteht ein Zusammenhang zwischen ihm und den Bemühungen, die ihm vorausgingen, wenn auch nicht ein exakter, eindeutiger und universell gültiger.

Das Geschick des Ego besteht darin, ins ÜBERSELBST hinaufgehoben zu werden und dort zu Ende zu kommen oder, richtiger gesagt, dort über sich selbst hinauszusteigen. Weil es aber nicht gewillt ist, das eigene Leben zu beenden, muß eine äußere Kraft eingreifen, die die Erhebung bewirkt. Diese Kraft ist die GNADE, und darin liegt der Grund, warum die Erscheinung der GNADE unabdingbar ist. Trotz seiner ganzen Bestrebungen und Gebete, Klagen und Selbstvorwürfe, will das Ego den endgültigen Aufstieg nicht.

Anhaltendes eigenes Bemühen kann den Egoismus zwar verdünnen, aber nicht zunichte machen. Diese letzte Handlung ist unmöglich, weil das Ego nicht gewillt ist, sich aus freien Stücken zu erschlagen. Aber sein eigenes Bemühen bahnt einer zusätzlichen Kraft, die es erschlagen kann, den Weg und macht die Wirkung rechtzeitig und ihren Erfolg möglich. Darüber hinaus verbessert es Intelligenz, Intuition und Charakter, was auch das Individuum vorbereitet und jene Kräfte anzieht, die nichts anderes sind als die vergebenden, heilsamen und insbesondere transformierenden Kräfte der GNADE.

Wie können die eigenen Bemühungen des Ego die große Erleuchtung bewirken? Sie können nur den Weg freimachen, das Instrument dafür reinwaschen und die Schwächen beseitigen, die das Ego aussperren. Aber das Licht der Weisheit ist eine Eigenschaft des inwendigsten Wesens – der SEELE – und deshalb kann es euch auch nur von der SEELE gebracht werden. Wie kann das Ego etwas geben oder erlangen, das dem ÜBERSELBST gehört? Dazu ist es nicht imstande. Nur das Göttliche kann das Göttliche geben. Das heißt, Erleuchtung kann nur durch Gnade erlangt werden, gleich mit welcher Inbrunst ihr dafür arbeitet.

Erst nachdem euch eure Anstrengungen bis zu einem gewissen Punkt gebracht haben, werden sie beiseite geschoben oder langsam weggezogen von einer anderen Macht – von eurem Höheren SELBST. Was in Wirklichkeit geschieht, ist, daß die Energie oder Kraft, die ihr euch zunutze macht, spontan Feuer fängt. Das macht es euch möglich zu tun, fertig zu werden, zu erlangen. Der wichtigste Punkt ist, daß die wirkende Kraft nicht euer eigener Wille ist, sondern eine direkte Heimsuchung des Elements, das wir GNADE nennen müssen. Dieses Erleben der Höheren Macht oder des Höheren Selbst trifft uns mit aller Wucht.

Die spirituelle Trägheit, die die meisten davon abhält, ein Interesse für die Suche zu entwickeln, ist nicht etwas, das sie aus eigenem Antrieb zu überwinden trachten. Infogedessen ist das Leben gezwungen, es für sie zu tun. Seine Hauptmethode besteht darin, sie mit Schmerz, Verlust, Enttäuschung, Krankheit und Tod zu peinigen. Aber solche Qualen unterliegen dem Karmagesetz und sind nicht willkürlich. Auch treten sie nicht ständig, sondern nur mit Unterbrechungen auf, die hie und da Freude bringen und nicht überwältigend sind. Aus diesem Grunde kommt das Ergebnis langsam zustande.

In gewissen Fällen, etwa wenn sich einer, dem auf der geistigen Suche großartige Fortschritte vorherbestimmt waren, trotzig weigert, mit ihr zu beginnen oder sie ungeduldig auf später verschiebt, schaltet sich meistens das ÜBERSELBST ein, indem es das Karma frustrierter Ambitionen, enttäuschter Hoffnungen und sogar zerstörter Gesundheit freisetzt. Dann wird der Wanderer in seiner Verzweiflung oder Qual vom Becher der freiwilligen Entsagung trinken oder die schäbigen Kleider der Selbstverleugnung anlegen. Sein von Schmerz zermürbtes Ego wird seinen Griff lockern. Sein wirklicher Feind auf diesem Weg ist das »Ich«, denn es stellt die Ursache aller materiellen und seelischen Leiden dar und blockiert das Tor zur Wahrheit. Je größer seine Niedergeschlagenheit über den Verlauf der weltlichen Ereignisse ist, um so eher wird er lernen, dieser Niedergeschlagenheit den Rücken zu kehren, um in spiritueller Betrachtung Vergessenheit zu finden. Für den einfachen Mystiker ist diese Art, zeitweilig inneren Frieden zu finden genug, nicht aber für den philosophischen.

Letzterer muß die Frage nach der Bedeutung dieser Ereignisse in seine Betrachtungen einbeziehen. Wenn er diese unpersönliche Einsicht entwickelt hat, mag er auf sein vergangenes Leben zurückblicken und verstehen, warum so vieles, was geschehen ist, einfach geschehen mußte.

Jenseits des persönlichen Karmas

Euer Karma würde nie zu Ende kommen, wenn euer Egoismus nie zu Ende käme. Es wäre in einen Teufelskreis verstrickt, aus dem es keinen Ausweg gibt. Aber sobald ihr die an dessen Kern und Ursache gelegene Auffassung aufgebt, daß ihr ein persönliches Selbst seid, gebt ihr auch das nicht in Erfüllung gegangene Karma auf.

Es gibt (solange das niedrige Selbst das Bewußtsein beherrscht) zwei Arten von Unsterblichkeit: die eine ist die »endlose« Evolution des Ego, das sich langsam durch alle seine Manifestationen entwickelt; die andere ist die wahre Unsterblichkeit des ewig währenden, unwandelbaren WIRKLICHEN SELBST oder ÜBERSELBST, das ersterer auf alle Zeit zugrunde liegt und es aufrechterhält.

Mein Hinweis, man solle sich nicht ans Ego klammmern, bedeutet einfach, daß wir die Kunst lernen müssen, das Vergängliche in uns selbst und in unserem Dasein fahren zu lassen, uns von dem zu lösen, was nur zeitweilig zu überleben vermag. Die WIRKLICHE INDIVIDUALITÄT – die Vorstellung und das Gefühl einfachen SEINS – kann nie vergehen und ist die wahre Unsterblichkeit. Es wird von niemandem verlangt, alles Interesse und alle Freude an »Dingen« zu opfern: Man darf sie weiterhin genießen, vorausgesetzt, man versteht ihre Vergänglichkeit und läßt sich nicht dazu verleiten, sie überzubewerten. Die Propheten sagen lediglich, daß das ewige Leben nicht in solchen Dingen zu finden ist.

Wo ist die Hoffnung für die Menschheit, wenn es keine GNADE, sondern nur Karma gibt? Wenn das Sammeln der karmischen Last, die wir jetzt tragen, so viele Zeitalter in Anspruch genommen hat, wird es ähnlich lange dauern, sich von ihr loszumachen – eine abstoßende Aufgabe, die jede Inkarnation hindurch weitergeht, bis jeder von uns immer und immer wieder stirbt –, außer der individuelle Sammler, das Ego, ist nicht mehr vorhanden, um sie abzuholen. Aber das Ego kann die eigene Existenz nicht durch eigene Anstrengungen auslöschen, sondern nur dadurch, daß es Nicht-Anstrengung, Überantwortung übt, dadurch, daß es die HÖHERE MACHT hereinläßt und auf seine persönliche Identität nicht mehr Anspruch erhebt. Das Hereinkommen ist, wenn verwirklicht, GNADE, denn wir haben es nicht getan.

Von jenen, die nicht wissen, daß frühere Inkarnationen etwas dazu beitragen, ist das höchste und letzte Geheimnis der GNADE niemals gelöst worden. Einige ziehen sie erst nach vielen Jahren brennenden Strebens und mühseliger Plackerei auf sich, andere dagegen, wie der heilige Franz von Assisi, unvorbereitet, und ohne daß sie danach streben. Durchschnittliche Kandidaten können es sich nicht leisten, diese Sache aufs Spiel zu setzen, können nicht riskieren, ein ganzes Leben lang damit zu vertun, daß sie auf das unwahrscheinliche Erscheinen der GNADE warten. Sie täten besser daran, ihre ganze Kraft, ja ihr Leben und ihre Lieben der einen allesverzehrenden Leidenschaft für das ÜBERSELBST zu widmen, wenn sie wollen, daß die Macht der GNADE sie durchfließt. Falls sie außerstande sind, sich so rückhaltlos hinzugeben, laßt sie das zweitbeste Ding tun, d.h. jemanden finden, dem die göttliche GNADE gewährt wurde und den sie inwendig verwandelt hat. Laßt sie Schüler einer solchen Person werden, denn wenn sie allein gehen ist die Chance, daß die GNADE auf sie herabsteigt, geringer, als sie es sonst gewesen wäre.

Nur durch den Verlust des Zeitgefühls kann der brennende Wunsch, sich von den Eingrenzungen des persönlichen Geschicks und den Zwängen äußerer Umstände zu befreien, in Erfüllung gehen!

Jenes gleichgültige Verhalten, das mit der angeblichen Unterwerfung unseres Willens einhergeht, ein Verhalten, das so viele Mystiker und Fromme oft an den Tag legen, ist überaus gefährlich. Zwischen dem als ob überantworteten Leben und dem tatsächlich überantworteten besteht ein tiefgreifender Unterschied. Es ist leicht genug, den Spruch »Dein Wille geschehe« falsch auszulegen. Aber Jesus gab ihm durch sein eigenes Vorbild eine unmißverständlich positive Bedeutung. Richtig verstanden, will er folglich sagen: »Dein Wille geschehe durch mich.« Eine weitgefächerte Erfahrung hat gezeigt, wie viele einem entwürdigendem Fatalismus verfielen, aber unter dem Wahn standen, sie würden sich dadurch dem Willen GOTTES fügen; wie viele sich nicht die Mühe machten, den Folgen ihres Handelns abzuhelfen, weil sie zu dumm, nachlässig und schwach waren oder falsch handelten und deswegen die damit verbundenen Schmerzen in ihrer ganzen Wucht ertragen mußten; wie viele die günstige Gelegenheit, die diese Schmerzen darstellten, nicht ergriffen, weder um zu erkennen, daß sie aus den eigenen Unzulänglichkeiten oder Fehlern rührten, noch um sich selbst zu prüfen und sie sich rechtzeitig bewußtzumachen, wodurch sie es vermieden hätten, denselben Fehler zweimal zu begehen. Es ist ungeheuer wichtig, sich diesen Rat zu Herzen zu nehmen. Anfangs sind viele Anwärter z. B. der Überzeugung, das Schicksal zwänge sie, sich inmitten einer unpassenden Umgebung mit nutzlosen Aufgaben abzumühen. Aber im Laufe ihres sich vertiefenden philosophischen Verständnisses beginnen sie das bisher Unsichtbare zu sehen – die innere karmische Bedeutung dieser Aufgaben, den letztlich erzieherischen oder strafenden Sinn jener Umgebungen. Erst dann können – und aus Achtung vor sich selbst sollten sie – die richtigen Maßnahmen ergreifen, um sich davon zu befreien. Jedesmal wenn man einen falschen oder dummen Gedanken geduldig im Keim erstickt, gewinnt man an innerer Kraft. Jedesmal wenn man einem Unglück unverdrossen die Stirn bietet und seine Lektion mit objektiver Ruhe zu ergründen sucht, gewinnt man an innerer Weisheit. Wer sich mit soviel Klugheit und Selbstkritik überantwortet hat, mag in einem Gefühl äußerer Sicherheit und innerer Gewißheit fortschreiten, hoffnungsvoll und unerschrocken, denn jetzt ist er sich des gütigen Schutzes des ÜBERSELBST bewußt. Nur wenn man sich die Mühe gemacht hat, die in den Übeln des Lebens steckenden erzieherischen oder strafenden Lektionen intelligent zu verstehen – und nur dann –, mag man die Übel des Lebens besiegen, vorausgesetzt, man wendet sich bei den ersten Anzeichen dafür sofort nach innen und erkennt unverdrossen, daß die inwendige Göttlichkeit Zuflucht und Harmonie bietet. Dieser zweifache Vorgang ist allzeit vonnöten und die Mißerfolge der Christlichen Wissenschaft sind zum Teil die Folge ihres Versäumnis, dies zu verstehen.

Im Licht dieser Gnade mögen wir die Fehler der Vergangenheit vergessen, damit wir die Heilung der Gegenwart annehmen können. In der Freude dieser

Gnade mag sich das Elend alter Fehler auf alle Zeit gebannt sehen. Kehrt nicht zur Vergangenheit zurück – lebt nur im ewigen JETZT – in seinem Frieden, seiner Liebe, Weisheit und Kraft!

Wenn ihr euch dem ÜBERSELBST-BEWUSSTSEIN angeschlossen habt, seht ihr euch gezwungen, euren früheren Standpunkt der Freiheit des Wollens und Entscheidens aufzugeben – denn ihr seid nicht mehr nur dazu da, dem Ego gefällig zu sein. Jetzt ist das ÜBERSELBST der regulierende Faktor.

Eure angeborenen Tendenzen mögen sich zwar noch eine Weile bemerkbar machen – sie stellen nun mal euer Karma dar –, aber die Gnade hält sie in Schach.

Wer handelt, indem er so nachgiebig wird, daß er das ÜBERSELBST seinen persönlichen Willen haben läßt, muß sich innerlich notwendigerweise von den Folgen seines Handelns lösen, seien es angenehme oder unangenehme. Eine so große Objektivität befreit ihn aus der Macht des Karmas, das ihn nicht mehr in seinem Netz fangen kann, denn »er« ist nicht vorhanden. Sein emotionales Bewußtsein vor einer Handlung ist stets erleuchtet und von einer erhabenen Gefaßtheit geprägt, während das des Nichterleuchteten Beweggründe kennzeichnen mögen, denen egoistische Wünsche, Ehrgeiz, Angst, Hoffnung, Leidenschaft, Abneigung oder sogar Haß zugrunde liegen – alle Karma machend.

Nur indem wir den Preis dafür bezahlen, kann geistiger Friede kommen, und Teil dieses Preises ist, daß wir uns von unserer übertriebenen Abhängigkeit von äußeren Dingen befreien. Denken und Fühlen müssen sich losmachen von der rastlosen Ängstlichkeit, statt ihr in hoffnungsloser Unterwürfigkeit nachzugeben. Dies unterstützt und ruft beschützende Kräfte hervor. Es gilt, alle verbitterten Gedanken gegen andere zu vertreiben und Liebe zu schenken, ob sie nun erwidert wird oder nicht, und ohne Unterschied, den Schwachen wie den Starken. Diejenigen, die auf diese Weise ausharren, werden sich reichlich belohnt sehen.

Karma beginnt erst dann mitzuspielen, wenn die karmischen Eindrücke so stark sind, daß sie überleben können. Weil der Weise das Leben wie einen Traum behandelt, weil er es als Erscheinung durchschaut, erlebt er alles nur an der Oberfläche. Sein tiefer innerer Geist bleibt davon unberührt. Infolgedessen erzeugt das, was er erlebt, kein Karma; daher ist er, wenn er aus dem Körper scheidet und stirbt, imstande, den Kreislauf von Geburt und Tod ein für allemal zu beenden.

Wenn du hilfsbereit handeln und dennoch auf die Ergebnisse deines Handelns verzichten kannst; wenn du deinen Verpflichtungen nachkommen oder deine Aufgaben erfüllen kannst, ohne über Erfolge in Begeisterung zu geraten oder dich von Mißerfolgen betrüben zu lassen; wenn du dich in der Welt bewegen, ihre Freuden genießen und ihre Schmerzen ertragen kannst, aber dennoch unbeirrbar an der Suche nach dem festhält, was die Welt übersteigt, dann bist du das geworden, was die Inder einen »Karma-Yogi« und die Griechen einen »Menschen« nennen.

Jetzt, wo ihr die Bedeutung eurer Leiden richtig versteht und euren Charakter, euer Handeln und Auffassungsvermögen darauf abgestimmt habt, könnt ihr nach jenem geistigen Gleichgewicht trachten, das innerer Friede ist, und es festhalten. Dadurch, daß ihr euch diese Wahrheiten aneignet, werdet ihr den Nöten, die das Leben mit sich bringt, tapfer entgegentreten und der Unvermeidlichkeit des Todes mit heiterer Gelassenheit entgegensehen. So könnt ihr lernen, auch angesichts irdischer Sorgen und Freuden unerschrocken und ohne aus dem Gleichgewicht zu geraten weiterzugehen, aber nicht etwa, weil ihr sie vergessen oder verwerfen wollt, sondern weil ihr sie wie der Weise zu verstehen bestrebt seid. Denn: »Wer Freude und Sorge mit Gleichmut erträgt, ist wahrlich spirituell, wiewohl er nach außen wie ein Weltkind scheint« – heißt es in einem mongolischen Text.

Nun wäre es leicht, eine solche Heiterkeit fälschlicherweise für bloße Selbstzufriedenheit oder seichten Optimismus zu halten. Aber ersteres kann sie nicht sein, weil sie sich der Mängel ihres Besitzers und des Elends der Welt nur allzugut bewußt ist. Und zweiteres zu sein ist sie deswegen nicht imstande, weil sie der Wahrheit und nicht emotionaler Selbsttäuschung entspringt. Diese Heiterkeit ist eine Eigenschaft, die nach langer philosophischer Übung auftaucht. Sie lächelt nur, weil sie versteht, nicht etwa, weil sie sich emotional in den Strahlen zeitweiligen Glücks sonnt.

Niemandem gelingt es, das Karma nur deswegen auszulöschen, weil er, wie die Anhänger gewisser Sekten, seine Existenz intellektuell in Abrede stellt. Würde er sich seinem Karma aber zuerst einmal stellen, es erörtern und nutzbar machen, um sich selbst fortzuentwickeln und zu bilden, und dessen Unwirklichkeit erst aus der Sicht des letzten und höchsten Standpunktes einräumen, wäre seine Haltung richtig. In Wahrheit zeugt sein Versuch, das Karma voreilig zu verwerfen, davon, daß er dazu neigt, sich gegen die göttliche Weisheit aufzulehnen, davon, daß er in seiner kurzsichtigen Selbstsucht nach augenblicklichen Vorteilen trachtet und es permanent versäumt, seiner Pflicht, sich spirituell zu entwickeln, nachzukommen – ein Versäumnis, das ihn teuer zu stehen kommt.

Gib dein Bestes, die Dinge richtigzustellen, das Beste, das du geben kannst, und überlasse die Ergebnisse dann dem Geschick und dem ÜBERSELBST. Mehr kannst du sowieso nicht tun. Du kannst dein Geschick zwar mildern, aber gewisse Ereignisse sind unabänderlich, weil die Welt nicht dir, sondern GOTT gehört. Um welche es sich dabei handelt, magst du zunächst nicht wissen, und deswegen mußt du intelligent und intuitiv handeln. Später kannst du herausfinden und hinnehmen. Was auch geschehen mag, das ÜBERSELBST ist stets zugegen und wird dich durch und aus deinen Schwierigkeiten führen. Alles, was mit deinen irdischen Angelegenheiten geschieht, geschieht deinem Körper, nicht wirklich DIR. Der schwierigste Teil ist, wenn andere auf dich bauen und von dir abhängig sind. Selbst dann obliegt es dir zu lernen, sie der freundlichen Sorge des ÜBERSELBST zu befehlen, und du darfst nicht versuchen, die ganze Last auf den eigenen Schultern zu tragen. Wenn es für dich sorgen kann, kann es auch für sie sorgen.

Von *Paul Brunton* sind im Verlag Hermann Bauer erschienen:

Entscheiden aus der Stille
*Ein spiritueller Ratgeber für Menschen,
die Verantwortung tragen.*

136 Seiten, kart.; ISBN 3-7626-0544-0

Mit vielen hilfreichen Tips und Ratschlägen steht Ihnen der große Weisheitslehrer Paul Brunton zur Seite, wenn es darum geht, sich auf die verschiedensten Situationen einzulassen, die einer »wahren« Entscheidungsfindung zugrunde liegen. Entdecken Sie mit ihm die Quelle, aus der Sie schöpfen können. Die wahre Entscheidungsfindung erfolgt – so Brunton – durch die Verbindung mit dem Höheren Selbst in Harmonie mit dem Universum; sie erfolgt jenseits der alltäglichen Hektik und Oberflächlichkeit, sie erfolgt aus der Stille.

Gib jetzt nicht auf!
Ein spiritueller Ratgeber für schwere Zeiten.

128 Seiten, kart.; ISBN 3-7626-0585-8

Leid und Schmerz kann niemand verhindern. Obwohl wir nie richtig darauf vorbereitet sind, ist doch Hilfe immer in Reichweite – so trösten die Herausgeber Sam und Leslie Cohen. Als Leslie an Leukämie erkrankte, kamen schwere Zeiten auf beide zu. Die Werke des großen Weisheitslehrers Paul Brunton gaben ihrem Geist und ihrer Seele wieder Auftrieb. Sie lernten, ihre Sorgen abzugeben und selbst in Zeiten der Ermüdung noch Kraft zu schöpfen. Wenn Sie sich in einer ähnlichen, scheinbar hoffnungslosen Situation befinden, finden Sie hier Antworten auf Ihre Fragen.

Verlag Hermann Bauer · Freiburg im Breisgau

Verlag Hermann Bauer · Freiburg im Breisgau

Gertrud Hirschi

Mudras

Yoga mit dem kleinen Finger

228 S. mit 76 Zeichn., kart.; ISBN 3-7626-0567-X

Mudras – diese kleinen Übungen mit großer Wirkung fördern nach buddhistischer Auffassung die Kommunikation mit dem Göttlichen, während sie im Hinduismus auch gezielt für medizinische Zwecke eingesetzt werden.

Die Verfasserin gibt in ihrem Buch ihr umfassendes Wissen rund um die Mudras an den Leser weiter. Die eigens von ihr entwickelten Meditationen kombiniert mit Mudras helfen dem Leser bei der Heilung von körperlichen Beschwerden; bei der Heilung im geistig-seelischen Bereich, beim Auftanken der Kraftreserven, zur Vergangenheitsbewältigung, zur Verbesserung von Beziehungen, bei der Lösung alltäglicher Probleme und zur Zukunftsplanung.

Außerdem vermittelt die Autorin eine Menge an Wissen darüber, wie die Wirkung der Mudras mit Musik, Farben, Atmung, Affirmationen, Mantras und Ernährung verstärkt werden kann.

Alle diese Mudras können im Sitzen, Liegen, Stehen und im Gehen zu jeder Zeit und an jedem Ort ausgeführt werden. Sie sind auch für Menschen geeignet, die krank sind und das Bett hüten müssen oder die nicht mehr die Kraft haben, die Körperübungen des Yoga zu praktizieren.

Verlag Hermann Bauer · Freiburg im Breisgau

esotera

Das führende Magazin für Neues Denken und Handeln

Das Bewußtsein bestimmt die Welt um uns herum. Vom Bewußtsein hängt es ab, ob Sie ein glückliches, sinnerfülltes oder scheinbar glück- und „sinnloses" Leben führen. Es prägt unser Denken und Handeln.

Das ist das Spezialgebiet von **esotera**: das „Wesentliche" des Menschen, sein Bewußtsein, seine verborgenen inneren Kräfte und Fähigkeiten. **esotera** gewährt Einblick in die „wahre Wirklichkeit" hinter dem „Begreifbaren".

Und gibt Antworten auf die brennenden Fragen, die irgendwann jeden zutiefst bewegen: Woher wir kommen – und wohin wir gehen.

esotera weist Wege aus der spirituellen Krise unserer Zeit. Wege zu einem erfüllteren Dasein: mit kompetenter Berichterstattung über neueste und uralte Erkenntnisse, mit faszinierenden Reportagen, aktuellen Serien und praktischen Info-Rubriken: z.B. Literatur-, Musik- und Video-Besprechungen, Leser-Forum, Marktnische usw.

Die ständigen Themenbereiche in jedem Heft:
**Neues Denken und Handeln
Ganzheitliche Gesundheit
Spirituelle Kreativität
Esoterische Lebenshilfen
Urwissen der Menschheit
Paranormale Erscheinungen**

Und jeden Monat das „KURS-BUCH", die umfangreichste Zusammenstellung esoterischer und spiritueller Veranstaltungen, Kurse, Reisen und Seminare weltweit.

Im Zeitschriftenhandel. Oder Probeheft direkt von

Verlag Hermann Bauer KG,
Postfach 167, 79001 Freiburg
Bestell-Tel. 0180/5001800
Bestell-Fax 0761/701811

e-mail: info@esotera.freinet.de
Internet: http://www.esotera-magazin.de